일 잘하는 리더는 이것만 한다

일 잘하는 리더는 이것만 한다

1판 1쇄 인쇄 2021. 7. 20.
1판 1쇄 발행 2021. 7. 30.

지은이 이바 마사야스
옮긴이 김혜영

발행인 고세규
편집 구예원 디자인 유상현 마케팅 신일희 홍보 홍지성
발행처 김영사
등록 1979년 5월 17일 (제406-2003-036호)
주소 경기도 파주시 문발로 197(문발동) 우편번호 10881
전화 마케팅부 031)955-3100, 편집부 031)955-3200 | 팩스 031)955-3111

값은 뒤표지에 있습니다.
ISBN 978-89-349-4541-3 03320

홈페이지 www.gimmyoung.com   블로그 blog.naver.com/gybook
인스타그램 instagram.com/gimmyoung   이메일 bestbook@gimmyoung.com

좋은 독자가 좋은 책을 만듭니다.
김영사는 독자 여러분의 의견에 항상 귀 기울이고 있습니다.

일 맡기기

커뮤니케이션

마인드

동기부여

문제 해결

팀 매니징

일 잘하는 리더는 이것만 한다

팀장님, 오늘도 혼자 야근하세요?

이바 마사야스 | 김혜영 옮김

김영사

"당신은 팀원의 심장을 뛰게 하고 있나요?"

참 피하고 싶은 질문입니다. 당신은 마음속으로 어떤 대답을 하셨나요. 지금은 어떤 대답을 했던 상관없지만요. 다만 우리 팀은 별문제 없다며 으쓱했다면, 약간 걱정이 되긴 합니다.

먼저 '심장이 뛴다'라는 건 어떤 상태를 가리키는 말일까요. 저 나름대로 내린 정의는 이렇습니다.

"팀원이 도전을 즐기고 있으며, 일을 통해 성장한다고 느끼는 상태."

이는 무인양품 MUJI, 슈퍼마켓 체인 세이조 이시이 成城石井, 패밀리 레스토랑 데니스 Denny's의 V자 회복을 이끈 경영자 오쿠보 쓰네오 大久保恒夫가 NHK의 〈프로페셔널 일의 방식〉에서 "프로

퍼서널이란 즐거운 마음으로 도전하고 일을 통해 성장할 수 있는 사람. 아울러 팀원이 즐겁게 도전하고 일을 통해 성장하게끔 이끌 수 있는 사람"이라고 이야기한 것에서 힌트를 얻은 정의입니다. 즉 재미있게 일에 몰두할 때 심장이 뛴다는 것이지요. 분명 모두 동의하시리라 생각합니다.

그렇지만 눈코 뜰 새 없이 바쁜 리더가 팀원의 심장을 뛰게 하기란 쉬운 일이 아닙니다. 네, 쉽지 않지만 그랬으면 합니다. 그런 바람에서 이 책을 썼습니다.

소개가 늦었습니다.

저는 기업연수·교육 전문 회사를 운영하며 강사 일을 하는 이바 마사야스라고 합니다. 전 직장이던 리크루트 회사에서 영업팀 리더, 매니저, 부장직을 거쳐 서른일곱 살에 관련 회사(사내 벤처) 대표가 되었습니다. 단시간에 성과를 내는 기술로 '야근 없는 팀'을 실현하고, 관리직을 맡은 11년 동안 번아웃된 팀원이나 입사 3년 차 이하의 퇴사자를 한 명도 배출하지 않은 것이 저만의 소소한 자랑거리입니다.

독립 후에는 연수 프로그램을 통해 총 2만 명이 넘는 리더에게 '팀원의 가슴을 뛰게 하는 관리 이론'을 설파해왔습니다.

하지만 고백합니다. 저 또한 예전에는 팀원의 심장을 뛰게 하지 못하는 리더 중 한 명이었습니다.

리크루트 회사에서 신임 관리자로 있던 때, 신뢰하던 팀원에게서 이런 질문을 받았습니다.

팀원 팀장님, 팀원들을 보면 어떤 생각이 드세요?

나 응? (사무실을 쓱 둘러본 뒤) 왜, 무슨 일 있어요?

팀원 이 중에서 즐겁게 일하는 사람이 몇이나 될 것 같으세요?

정곡을 찔린 저는 말문이 턱 막혔습니다. 팀원은 말을 이어나갔습니다.

"저희는 얼마든지 열심히 일할 수 있어요. 하지만 그저 실적을 내는 것만으론 부족해요. 앞으로 어떤 방향으로 가게 되는지 알고 싶어요. 그 부분은 현 리더인 팀장님이 직접 말씀해주셔야 한다고 믿고요."

녹다운이었습니다. "우리 구역 점유율 50퍼센트를 달성합시다!", "우리 부서 매출 목표는 300억 원입니다!" 같은 말이 제 전문이었습니다. 그런데 팀원은 '그렇게 해서 뭘 얻는지'를 이야기해 달라는 겁니다.

그 시절의 저는 부끄럽지만 팀원이 말하는 '방향성' 같은 것을 진지하게 고민해보지 않았습니다.

일 잘하는 리더는 이것만 한다

이 책에서는 예전의 제가 그랬던 것처럼 당장 발등에 떨어진 불로 정신이 없는 분들에게 필요한 리더론을 소개하려고 합니다.

'나 혼자 이리 뛰고 저리 뛰는 것 같은데?'

리더를 맡은 뒤로 희한하게 점점 바빠지는 것 같지 않나요? 한편으로는 야근을 줄이라는 압박이 심해지고 있을지도 모릅니다. 그러다 보니 팀원과 대화하는 시간보다 컴퓨터와 이야기하는 시간이 많고, 간신히 대화 시간을 짜내도 업무를 지시하고 컨펌하는 것으로 끝나지요. 그렇게 되면 설레서 두근거리는 게 아니라 불안해서 심장이 뛰는 직장이 된대도 이상할 게 없습니다.

만약 그런 상태라면 '혼자만 열 내고' 있는지도 모릅니다. 팀원에게 더 맡겨도 괜찮습니다. 회사의 다양한 역할을 팀원에게 맡겨보세요. 그렇게 해야 팀원도 성장하고, 조직의 일원으로서 소속감이 생깁니다. 근로시간은 점차 단축되는데 관리직 일까지 바빠지면, 분배하지 않고서는 버틸 재간이 없을 겁니다.

'그렇긴 하지만⋯.'

당연히 맡기는 게 쉽지 않습니다. 그 고충은 충분히 이해합니다. 리크루트 회사에서 처음 리더를 맡았을 때, 혼자만 이리 뛰고 저리 뛰다가 오히려 팀원의 의욕과 주체성을 꺾어버린 쓰라

린 경험도 해봤습니다. 그래서 뼈를 깎는 반성을 통해 수많은 리더를 관찰하고 훌륭한 리더십의 공통된 이론을 찾았습니다. 나아가 그 이론을 직접 실천하면서 업데이트한 결과, 한 조직에서는 당초 불과 5퍼센트였던 직원 만족도를 95퍼센트까지 끌어올렸습니다.

더 솔직히 말해볼까요. 저는 리더가 되는 게 싫어서 리크루트 회사에서 (시켜서) 영업 리더가 될 때까지, 리더가 되는 길은 요리조리 피해 다닌 사람입니다(초등학교 때는 고작 6명 그룹의 '조장'도 안 하겠다고 도망친 전적이 있습니다).

그런 저였지만 아주 작은 비결을 깨우치자 '일 맡기기'가 가능해져 이제는 리더만큼 재미난 경험은 없다는 말까지 하기에 이르렀습니다. 그러니 지금은 일 맡기기가 죽기보다 어렵다, 자신은 리더에 어울리지 않는다고 생각하고 있는 분도 안심하시기 바랍니다. 의외일지 모르겠지만 팀원은 리더가 일을 맡겼다고 무조건 귀찮아하지 않습니다. 일 맡기기의 핵심만 알아두면 오히려 팀원의 마음에 열정의 불을 지필 수도 있습니다.

이 책에 일을 맡은 팀원의 심장이 뛰게 하는 6가지 관리 기술을 담았습니다.

자, 서론은 이 정도로 해둡시다.

이 책은 처음부터 끝까지 읽어도 좋고, 차례를 훑어본 뒤 필요한 부분만 골라 읽어도 좋습니다. 어떻게 읽든 답답하기만 한 지금의 상황을 타개할 힌트가 찾아지리라 확신합니다. 실제로 연수를 받은 리더들로부터 "다시 태어난 느낌이다", "그동안 나는 헛똑똑이였다"라는 소감을 자주 듣습니다.

얼마 전에도 한 리더분이 이런 이야기를 들려주더군요. 회사를 그만두겠다던 팀원이 마음을 다잡더니 열심히 일해 사내 표창까지 받았다고요. 그 팀원은 "관점을 바꾸면 일을 재미있게 할 수 있다는 걸 깨달았습니다"라는 소감을 발표했다고 합니다. 리더의 관리 방식이 바뀐 덕분이겠죠.

만약 그동안 팀원의 마음에 불을 지피지 못했다는 생각이 든다면, 바로 지금이 기회입니다.

이번에는 당신이 바뀔 차례입니다. 이제 시작해볼까요?

(주)라시사라보 대표이사 · 강사
이바 마사야스

1장 / 리더의 성과는 일 맡기기에서 갈린다
: 리더의 위임

4장 / 설계도 하나면 내 팀을 어벤져스로 만든다
: 리더의 팀 매니징

일 잘하는 리더는 이것만 한다

리더의 성과는 일 맡기기에서 갈린다

: 리더의 위임

최고의 리더는 혼자 일하지 않는다

팀원의 이야기를 경청하는 것은 중요
하다. 그런데 자기 일로도 벅차 팀원을
신경 쓸 여유가 없다는 리더들이 많다.
문제는 이러한 상황에 빠진 리더들이
자신의 업무 능력을 탓하고 있다는 것
이다. 과연 리더의 능력이 부족한 탓
일까?

당신의 능력 탓이 아니다

팀원의 이야기를 경청할 시간이 없는 것은 능력이 부족해서가 아니다. 애초에 리더의 일이 늘어난 것이 문제다. 실제로 산업능률대학교에서 진행한 '상장기업 과장의 실태조사(2017)'에서도 관리자의 약 60퍼센트가 3년 전보다 업무량이 늘었다고 답했다. 실무를 보면서 관리 업무까지 맡고 있다면 더 말할 것도 없다. 실무에 허덕이느라 관리 역할에 소홀해졌다고 생각하는 관리자도 똑같이 60퍼센트에 달했다. 당신만 그런 게 아니다.

나도 강사 일을 하다 보니 이런 상황을 실감한다. 강연 중 쉬는 시간이 되면 노트북을 켜고 허겁지겁 메일 답장을 보내는 분도 있고, 강연 중간에도 메일이 신경 쓰이는지 슬그머니 스마트폰에 손이 가는 분도 있다. 그분들은 입을 모아 토로한다.

"왜 이렇게 됐는지 모르겠지만, 항상 쫓기는 느낌이에요."

그 심정도 이해가 된다. 회사의 리스크 관리는 날로 중요해지고, 다양성을 추구하는 변화의 바람은 피할 길이 없다. 당연히 제출할 서류는 한 무더기에다, 보고 횟수도 잦다. 즉 나 혼자 열심히 해봤자 극복하기 힘든 상황이란 뜻이다.

"팀원의 이야기를 다 들어주다 보면 그날은 100퍼센트 야근이죠."

팀원의 이야기를 귓등으로 흘리고 싶은 리더는 없다. 하지만 작정하고 팀원의 이야기를 듣자면 난감하게도 내 시간이 사라진다. 앞서 나온 조사에 따르면 과장의 99.2퍼센트가 실무를 겸하고 있는데, 그중 45.1퍼센트는 실무가 차지하는 비율이 절반을 넘어선다고 응답했다. 그렇다면 자기 일에 할당하는 시간은 어림잡아 하루 네댓 시간. 잡무에 쏟는 시간을 빼면 본업을 볼 시간은 하루에 두세 시간이 고작이다.

나머지 일은 야근으로 처리해야 된다는 말인데, 시간외근무에 대한 규제가 심해지는 요즘은 이마저도 녹록지 않다. 이러니 팀원과 대화할 시간은 언감생심일 터.

이럴 땐 '집중할 곳'을 바꾸면 해결 실마리가 보인다. 실은 나도 이 문제로 끙끙댄 적이 있는데, 애먼 곳에 집중하고 있었다는 사실만 알아채면 해결이 쉬워진다.

관리자는 '얼마나 신속하게 처리할 것인가'가 아니라 '얼마나

일 잘하는 리더는 이것만 한다

맡길 것인가'를 고민해야 한다. 이를테면 일일 매출 확인 문제를 당신의 참모에게 맡길 순 없을지 검토해본다. 매일 체크하는 진척 상황도 그렇다. 그 일의 담당자에게 맡기면 어떨까? 신입사원 교육도 타 부서 사람 혹은 팀원에게 맡기면 어떨까? 이런 식으로 일을 나눠서 맡겨나가야 한다.

이렇게 생각하는 사람도 있을 것이다. '일을 맡게 된 사람도 부담스럽지 않을까?' 실제로는 그렇지 않다. 내가 연수 시간에 직접 들은 팀원들의 불만은 이랬다.

"좀 더 믿고 맡겨주면 좋겠어요. 팀원들이 할 수 있는 일도 있을 텐데 말이죠."

즉 팀원과 동료의 힘을 조금 더 빌려도 된다는 말이다. 간혹 맡길 사람이 없을 때도 있다. 그럴 때는 인재를 키우든지, 협력 시스템을 구축해야 한다. 이 책에서 팀원의 힘을 끌어내는 방법을 알아보자.

#Point

리더의 업무가 늘어난 지금은 일을 맡길 줄 아는 것 자체가 능력이다.

02

팀원에게 일을 맡겨야 하는 이유

팀원에게 맡기는 것보다 리더 본인이 하는 게 속도도 빠르고 결과물도 더 나을 수 있다. 더구나 가르치는 수고도 아낄 수 있다. 그럼에도 왜 리더는 일 맡기는 연습을 해야 할까?

팀원의 기회를
빼앗고 있지는 않은가?

지금 팀원에게 일을 맡기지 않고 있다면, 당신은 분명 플레잉 리더로서 팀원보다도 그 일에 능숙할 것이다. 팀원의 결과물이 성에 차지 않을 수도 있다. 특정 업무에 능수능란한 수준이 되면, 일이 많든 적든 간에 자기만의 방식이 생겨 어지간한 이유가 없다면 다른 사람에게 맡기기 어려워지기 마련이다. 팀원의 역량이 부족해 맡길 수 없는 게 아니라, 스스로 하는 편이 낫다고 생각하기 때문에 '맡기고 싶지 않을 뿐'이다.

솔직히 말하면 나도 예전에 그랬다. 팀원이 못 미더운 건 아니지만 '그 일'에 정통한 탓에 사소한 부분까지 신경 쓰였다. 기획서 폰트에 색상까지 눈에 거슬릴 정도니 내가 하는 게 빠르겠다는 생각이 불쑥불쑥 들었다. 영업 미팅에 동행했을 때도 그랬다. 협상의 핵심이 눈에 보이니까 난데없이 나서서 대화를 이끈 적도 있다. 팀원의 기회를 빼앗은 꼴이다. 팀원이 리더의 모습을 보고 그대로 따라 해주면 좋겠다는 희망을 품는 건 당신의 자유지만, 그것은 자만심일 뿐이다.

나는 엉뚱한 상상을 즐기는데, 한때 이런 상상도 해봤다. 인류 전체가 나와 능력치가 똑같다면 여전히 선사시대에 머무르지 않았을까. 사냥 기술은 탁월했을지언정 농사는 젬병이었을 것이다.

무슨 뚱딴지같은 비유냐고 할지 모르겠으나, 요지는 한 사람이 할 수 있는 일이라 해봤자 한계가 있다는 말이다. "빨리 가려면 혼자 가고, 멀리 가려면 함께 가라"라는 아프리카의 격언을 길잡이로 삼으면 어떨까.

생각해보면 경영의 신이라 불리는 마쓰시타 전기산업의 설립자인 마쓰시타 고노스케松下幸之助가 도입한 '사업부제'나 지금은 많은 회사에서 볼 수 있는 '컴퍼니제'도 조직 구성원의 기량을 최대한 끌어내기 위한 장치이다. 팀원이 능력을 충분히 발휘하게 만드는 것이 조직을 성장시켜야 할 리더의 본분이다.

아무튼 쉽지는 않았지만 일단은 일을 맡겨보기로 했다. 그러자 퇴사하겠다던 팀원들이 성장을 거듭해 5년이 지나자 조직의 중심이 되었고, 뿌듯하게도 10년이 지나자 리더로 자리 잡았다. 이제는 본인 회사를 차려 무사히 안착했거나 회사에 남아 간부로 활약하는 등 곳곳에서 다채로운 빛을 내고 있다.

이 중에서도 가장 기쁜 것은 스트레스를 받아 무너지거나 회사를 그만둔 팀원이 없었다는 점이다. 물론 99퍼센트는 그들의 잠재력 덕분이라고 생각하지만, 1퍼센트 정도는 나도 공헌했으리라 믿는다.

실제로 리크루트워크스 연구소 Recruit Works Institute 의 '입사 후 3년 동안 리더가 미치는 영향(2010)' 조사보고 중 이런 내용이 있다.

"직원의 성장은 초반 3년에 판가름 나는데, 이 시기에 리더가 팀원에게 적극적으로 일을 맡기지 않은 경우 4년 차 이후의 성장이 더뎠다."

이 결과는 초반부터 일을 조금씩 맡겨나가야 함을 시사한다. 일을 맡겨야 팀원이 성장한다.

03

플레잉 리더는 모드를 자유자재로 바꾼다

플레이어와 리더를 동시에 하는 것은 생각보다 쉽지 않다. 단순히 시간이 부족한 것보다 '자기 일을 희생할 수 있느냐'의 문제가 발생하기 때문이다. 이 딜레마를 극복했을 때 진짜 리더가 된다.

실무와 리더 업무는 동시에 할 수 없다

당신이 플레잉 리더라면 팀원과 충분히 대화할 시간이 부족하다는 고민이 있을 것이다. 실무와 리더 업무가 '대립' 관계에 있기 때문이다. 업무 모드에서 집안일과 육아를 할 수 없듯이, 리더도 실무 모드에서는 팀원 관리가 불가능하다. 양쪽 모두 어정쩡해진다.

이 상황을 잘 헤쳐나가는 비결은 팀원을 대할 때, 순간적으로 스위치를 리더 모드로 바꾸는 것이다.

그렇다면 리더 모드란 무엇일까. 플레이어가 자신의 실적을 위해 매진한다고 한다면, 그 반대를 생각하면 된다. 리더는 자기 일은 완전히 옆으로 제쳐둔다. 팀과 팀원, 그리고 서비스를 우선으로 생각한다. 여기에는 한 가지 규칙이 있다.

'리더 모드는 늘 플레잉 모드를 능가한다.'

즉 항상 리더 모드를 우선한다는 것이다. 그렇다, 이것이 핵심이다. 이를테면 팀원이 영업 미팅에 동행해달라고 간곡히 부탁했을 때, 리더 본인의 기획서 작성이나 영업활동은 제쳐두어야한다. 비유하자면 아이가 감기에 걸려 열이 날 때 병원에 데려가기 위해 업무를 조정하는 것처럼, 팀원의 사기가 떨어지고 있다면 리더는 본인이 하고 싶은 것을 제쳐두고서라도 면담 자리를 마련해야 한다.

본인의 업무를 우선해야 할지 고민될 때는 긴급도와 중요도를 따져보면 결정하기 쉽다. 긴급도는 '지금 당장 해두지 않으면 안 되는 일인지', 중요도는 '해두지 않으면 만회하기 힘든 일인지' 스스로 질문해보면 판단할 수 있다. 긴급도와 중요도가 높은 일을 미루면 주위에 피해를 주게 되므로, 팀원보다 이쪽을 우선해야 한다. 그 외의 일은 팀원을 우선하는 것이 기본원칙이다.

리더는 자기 일은 일단 내려놓아야 한다. 그렇게 되면 본인 업무를 처리할 시간이 훅 줄어든다.

결국 종착지는 '일 맡기기'다. 조금씩 맡겨나가지 않으면 내 시간이 없어진다. 당신이 하지 않아도 될 업무는 없는지 재검토해보자. 거래처 미팅 자리에는 팀원만 참석해도 될지 모른다. 매일 실시하는 신입사원 면담에 멘토링 제도를 도입하면 당신의 팀원이 언니(누나), 오빠(형)처럼 신입사원의 적응을 도와줄 수도 있다. 작은 일이기는 하나 조례나 회의 시간에 리더가 사회를 보는 것은 그리 좋은 방법이 아니다. 팀원에게 넘겨주는 게 팀원의 주체성을 높이는 데 도움이 될 것이다.

자꾸 반복하는 것 같지만 한 번 더 말하겠다.

리더는 일단 본인 일은 내려놓아야 한다. 그렇다고 야근하란 말이 아니다. 업무에서 최대한 손을 떼야 한다. 꼭 용기 내서 일을 맡겨나가자.

#Point

팀원 앞에서는 본인 업무를 제쳐두기로 하자.

04

일 잘하는 리더는 팀원의 잠재력을 믿는다

간단한 업무만 맡겨서는 일 맡기기 고수라 칭하기 어렵다. 일을 맡겨 팀원의 능력을 일깨우는 리더야말로 진정한 고수다. 이를 위해서는 리더의 남다른 각오가 필요하다.

팀원을 각성시키는
위대한 첫걸음

예전에 한 카페 사장에게 이런 이야기를 들었다. 카운터에서 아르바이트생이 돈을 훔친 일이 있었다. 잔뜩 긴장한 아르바이트생에게 사장은 이렇게 이야기했다.

"잘못은 잘못이지. 그렇지만 한 번은 더 기회를 주고 싶어. 앞으로는 안 그럴 거지?"

그렇게 단호하게 말한 뒤, 해고는커녕 다시 카운터를 맡겼다. 그 후 아르바이트생은 열과 성을 다해 카페 일을 했고, 부점장까지 맡게 되었다는 이야기였다. 그야말로 새사람이 된 시점이다.

이 이야기는 일을 맡길 때 리더에게 각오가 필요하다는 사실을 알려준다. 이 사람의 잠재력을 믿겠다는 각오. 배신당해도 내 잘못으로 받아들일 각오. 이 이야기를 여러 경영자에게 했더니 대부분 이런 반응이 돌아왔다.

"늘 배신당할지 모른다는 불안은 있죠. 하지만 맡기지 않으면 아무것도 할 수 없습니다."

하루아침에 결과가 나오기를 기대하면 일을 맡기지 못한다. 팀원은 실수를 할 테고, 처음에는 기대대로 움직이지 않을 것이다. 기대해야 할 것은 눈앞의 결과가 아니라 그 사람의 잠재력이 발휘될 순간이다.

일본 소매업 재건의 대가로 유니클로, 무인양품, 데니스 등의 혁신을 이룬 오쿠보 쓰네오의 에피소드는 이를 여실히 보여준다. 오쿠보 쓰네오는 NHK 〈프로페셔널 일의 방식〉에 출연해 슈퍼마켓 체인 세이조 이시이의 대표이던 시절에 만난 한 점장의 일화를 소개했다.

조용한 성격의 이 점장은 매장 운영이 서툴렀고, 직원들의 마음을 사로잡지 못하고 있었다. 매장의 중요 모니터링 지표는 최하점을 찍었고, 매장 분위기도 덩달아 축 처진 최악의 상황이었다. 점장 자리에서 강등당해도 이상할 게 없었지만 오쿠보 대표는 강등은커녕 단언했다.

"사람은 반드시 변한다. 그래서 변할 '기회'를 준다. 나는 변할 때까지 기다릴 것이다. 사람을 믿으니까."

그 후 점장에게 잘나가는 매장을 견학할 기회를 주었다. 그 매장을 지켜본 점장은 자신과는 다른 운영방식에 충격을 받았다. 무엇이 잘못됐는지 되짚어보는 시간 속에서 점장은 정신을 다잡았다. 점장은 직원들을 모아놓고 당당하게 이야기했다.

"웃는 얼굴로 고객과 대화하는 매장을 만드는 게 제 목표입니다. 혼자서는 만들 수 없습니다. 부디 힘을 보태주세요. 부탁드립니다!"

일 잘하는 리더는 이것만 한다

그날을 기점으로 그는 함께 일하는 직원들에게 자기 생각을 표현할 수 있게 되었고, 매장이 활기를 되찾았다. 실제로 이 점장을 잘 아는 분과 이야기를 나눌 기회가 생겨 이 일화에 대해 물어보았다.

"사람이 정말 그렇게도 변할 수 있나요?"

정말이었다. 오쿠보 대표가 부임하기 전의 세이조 이시이는 활기가 없었다고 한다. 그런데 오쿠보가 부임한 후로 사내 분위기가 180도 변했고, 실적도 호조를 보였다. 이 일화에 나오는 점장은 10년이 지난 지금도 훌륭히 활약하고 있다.

리더가 팀원에게 일을 맡기지 못하는 이유는 업무 수행의 관점에서만 보기 때문일지도 모른다. 팀원을 일깨울 '계기'를 만든다는 관점에서 판단하는 것이 정답이다.

당신에게도 완벽하지 않은 팀원이 있을지 모른다. 그래도 믿고 맡겨보는 것은 어떨까. 팀원을 각성시키는 위대한 첫걸음이 될 것이다.

05

팀원을 키우는 것만큼 좋은 투자는 없다

리더가 본인 경험을 바탕으로 잘해나가고 있어도 그것이 꼭 미래의 성과로 이어지지는 않는다. 팀원이 할 수 있는 일을 늘려가고 자신감을 키워주는 것이야말로 미래에 대한 투자다. 팀원의 자신감을 키우기 위해서는 계속해서 일의 경험을 쌓게 해야 한다.

팀원이 스스로 경험하게 한다

리더는 자신의 과거 경험에 머무르지 않고, 미래에 투자해야 한다. 팀원을 키우는 것만큼 좋은 투자도 없다. 당신이 과거의 경험을 바탕으로 현재의 업무를 잘 수행해도 앞으로와는 아무 관련이 없다. 팀원에게 일을 위임하고, 실패해도 좋으니 직접 부딪치게 하는 것이야말로 이상적인 리더의 면모다.

예전에 회사에 다닐 때, 신규 사업의 책임자로 임명된 적이 있다. 그러나 부끄럽게도 첫출발이 미숙해 첫해에는 예상치를 밑도는 적자를 냈다. 그러자 부사장님으로부터 면담 호출 메일이 날아왔다. 메일을 읽고 머리가 하얘졌다. 내 말 한마디로 사업 자체가 중단될 수도 있기 때문이었다. 직속 상사가 부사장님과 가까운 사이였기에 '얘기 좀 잘 해달라'는 구조 요청을 보냈다. 상사끼리 이야기를 나누면 금방 마무리될 일이라고 믿었다. 하지만 나의 기대는 산산이 부서졌다.

"(혼자) 다녀오시죠."

눈앞이 깜깜했다. 어쨌든 상황을 잘 해결해야 했기에 예상 시나리오를 머릿속에 그려보며 답변을 준비했다. 나는 본사를 찾아가 필사적으로 자초지종을 설명했고 훈훈한 응원으로 끝이 났다. 나는 이때의 경험을 통해 안이함을 끊어 내고 책임감을 키웠다.

상사는 내가 스스로 깨닫기를 원했던 것 같다. 나의 안이함을 꿰뚫어보고 혼자 다녀오라고 일부러 내 손을 뿌리친 것이다. 말로 배우는 것보다 '경험'하는 것이 더 큰 공부임을 절실히 느낀 순간이었다. 당신이라면 금방 끝낼 일이라도 팀원이 극복해야 할 과제가 있다면 일부러라도 팀원이 경험하도록 해주자.

만약 차기 리더로 키우고 싶은 팀원이라면 팀 전체를 보는 업무를 조금씩 맡겨나가자. 도전 정신이 약한 팀원이라면 작은 일에서부터 성공 경험을 쌓아 자신감을 키워나가게 한다. 제 잘난 맛에 사는 팀원이 있다면 후배 지원 업무를 맡겨 낮은 자리에서 생각할 기회를 준다.

당신의 팀원에게는 이겨내야 할 과제가 없는지 둘러보자. 기대가 있다면 반드시 과제가 있을 것이다. 하루빨리 알을 깨고 나오는 경험을 하게 해주는 건 어떨까.

팀원의 의지를
끌어내는 한마디

일을 맡길 때는 팀원의 특성과 업무 숙련도를 파악하는 것이 중요하다. 신입사원에게는 업무방식을 자세하게 알려줘야 하고, 경력사원에게는 스스로 생각할 시간을 주어야 한다.

팀원의 계획성도 살펴봐야 할 부분이다. 맡기기는 했는데 일이 자꾸 늘어져서 야근이 이어진다면 주객전도이다. 계획성이 떨어지는 팀원은 계획성 있게 일하는 방법까지 챙겨주지 않으면 나가떨어질 수 있다. 때로는 선배 팀원과의 협업도 지원할 필요가 있다.

그리고 어떤 팀원이든 일을 맡길 때는 이 한마디를 잊지 말자.

"어때요, 할 수 있을 것 같아요?"

의지를 확인함으로써 팀원에게 '내 일'이라는 느낌을 심어주는 것이다. 이로써 앞으로 닥쳐올 어려움도 극복해낼 수 있다.

06

세세하게 지시하지 않으면 불안하다

리더는 업무 과정에서 발생할 수 있는 실수나 사고를 예상하여 최대한 대비해야 한다. 그러다 보니 팀원에게 일을 맡기고 나서 세세하게 지시하고 또 확인하기도 한다. 그런데 어느 순간부터 팀원이 리더만 보고 일하는 느낌이 들지는 않았는가?

팀원의 퇴사를 부르는 마이크로 매니지먼트

'마이크로 매니지먼트Micromanagement'라는 용어를 아는가. 팀원에게 사소한 부분까지 일일이 지시하는 상황을 뜻하는 말이다.

"알고 있겠지만, 내일 아침까지 이 부분에 적어놓도록 해요."
"기획서가 완성되면 제게 먼저 보여주세요. 잘못된 게 있으면 안 되니까."
"감사 편지는 늦게 보내면 안 됩니다."

밑줄 그은 부분을 잘 보라.
"잘못된 게 있으면 안 되니까"라는 건 챙겨주는 표현 같지만, 듣는 쪽에서는 자못 갑갑하게 들릴 수 있다.
간섭받는 걸 즐기는 사람은 그리 많지 않다. 스스로 생각하는 방식을 선호하거나 자율성을 추구하는 사람일수록 마이크로 매니지먼트를 당하면 퇴사 생각이 간절해진다. 말하자면 과잉간섭하는 부모 밑에서 도망쳐 나오고 싶어 하는 자식과 같달까. 물론 아직은 혼자 헤쳐나가기 버거워하는 팀원도 분명 존재한다. 그러니 더욱 신경이 쓰일 수밖에 없다. 어떻게 하는 게 좋을까.

책임감이 강한 리더일수록 마이크로 매니지먼트에 빠지기 쉽다. 이럴 때는 책임져야 할 방향을 눈앞의 일이 아니라 팀원을 성장시키는 것으로 돌려야 마이크로 매니지먼트에서 빠져나올 수 있다.

누가 떠밀어서 하는 일로는 성장할 수 없다는 사실은 에드워드 데시Edward Deci와 리처드 라이언Richard Ryan이 발표한 '자기결정이론Self-determination Theory'에서 검증되었다. '목표는 달성하지 못했지만, 리더가 시킨 대로 전화는 서른 번 걸었으니 됐다'처럼 남 탓을 하기 쉬워지기 때문이다.

그래서 자기결정감에 주목해야 한다. 자기결정감이란 '내가 결정했다고 느끼는 감각'을 말한다. 자기결정감이 높으면 지금의 실패에서 쓴맛을 맛볼지라도 이를 훗날의 성장을 도모하는 밑거름으로 삼을 수 있다. '목표를 달성하지 못했어. 이렇게 했으면 좋았을걸. 그래, 다음에는 이렇게 해보자' 하고 반성을 하게 되어, 더 나은 방향으로 나아갈 수 있다.

호시노리조트Hoshino Resorts의 호시노 요시하루星野佳路 사장의 입버릇이 지침이 될 만하다. 한 다큐멘터리에서 호시노리조트의 회의 풍경이 나왔는데, 가장 많이 나온 대사가 이것이었다.

"그래서, 어떻게 할 건가요?"

그야말로 자기결정감을 끌어내는 질문이다. 직원도 이런 이야기를 했다.

"사장님이 지원군이신데, 안 할 이유가 없죠."

앞으로는 이렇게 생각해보면 어떨까. 치명적인 실수가 아니라면 그것 또한 팀원이 성장하는 데 밑거름이 되리라고 말이다. 실제로 무의미한 실수는 없으며, 어떤 형태로든 팀원에게 깨달음을 준다.

언뜻 부정적으로 보이는 실수가 그들을 나은 방향으로 이끄는 셈이니, 굳이 실수를 마다할 이유가 있을까.

팀원이 실수했다면 이렇게 말하면 그만이다.

"실패도 다 도움이 될 거예요. 자, 다음번에는 어떻게 해볼까요?"

#Point

팀원은 떠밀려서 하는 일로는 결코 성장할 수 없다.

07

톱다운과 보텀업을 구분한다

아무리 보텀업이라고 해도 "하고 싶은 대로 하세요"는 금기어다. 팀원이 무책임하다고 여겨도 할 말이 없다. 이럴 때는 톱다운과 보텀업의 사용처를 구분해 두면 깔끔하다.

일을 맡기되 책임까지 맡기지 않는다

최근 늘어나는 리더 스타일 중에 '다 같이 결정하자' 주의가 있다. 이것 자체는 문제가 없다. 하지만 "그럼 모두 한뜻이니 그렇게 합시다"라든가, "그렇게 말한다면 그렇게 하지요"는 아니다. 만약 실패하면 '아무개 책임이다' 쪽으로 흘러갈 텐데, 이래서는 팀원이 '일을 맡은' 것뿐 아니라 '책임까지 떠맡은' 격이 되기 때문이다.

얼마 전 이런 일이 있었다. 예전에 다니던 회사에서 내가 관리자였을 때 신입사원이던 친구가 10년이 지난 지금, 조직을 이끄는 자리까지 올라 연수 강사로서 흐뭇한 마음으로 도움을 줄 기회가 생긴 것이다.

전 팀원이었기 때문에 거두절미하고 본론으로 들어갔다. 그는 "팀원들이 이렇게 하고 싶다고 해서 결정했어요"라고 말했다. 나는 빙빙 돌리지 않고 되물었다.

"물론 의견을 듣는 건 중요해요. 그런데 이건 누가 결정한 거죠? 지금 하는 얘기 들으면, 팀원이 이렇게 하자고 해서로 들리는데요?"

"다 같이 결정한 거예요."

"그럼 실패했을 때는 누가 책임지는 걸까요?"

"아… 책임은… 그야 저겠죠?"

"거기까지 생각해봤어요?"

"그러네요. 거기까지는 생각 못 해봤어요."

그는 아주 열정적이었다. 구성원의 의견을 소중히 여기는 마음은 120점이었으며, 오래 알던 사이라 그의 인품이 훌륭하다는 건 익히 알고 있었다. 그가 어떻게 하는 게 좋았을까.

방침은 리더가, 방법은 팀원이

바로 톱다운Top-down과 보텀업Bottom-up의 명확한 구분이 포인트다.

해야 할 일(방침)은 톱다운으로 정하고, 진행 방식(방법)은 보텀업으로 맡긴다.

차량 청소 회사인 JR동일본 테크노하트 텟세이TESSEI의 환대창조부장(고객환대서비스 담당)이었던 야베 데루오矢部輝夫의 방식은 참고할 만하다. 야베 데루오는 차량 청소 업무에 환대

Hospitality라는 개념을 담았는데, 이 회사의 완벽한 청소 방식은 하버드경영대학원의 스터디 사례로도 채택되었다.

지금은 초우량기업이라는 평가를 받는 회사지만, 이전에는 직원들의 의욕이 낮았다고 한다. '청소만 하면 됐지'란 분위기가 깔려 있었다. 그래서 야베 데루오는 리더로서 방침을 명확히 밝히기로 한다.

"우리는 청소를 통해 여행지의 추억을 판매할 겁니다."

그러고서 다 같이 머리를 맞댈 자리를 마련했다. 직원들은 다양한 아이디어를 냈다. 그동안은 아이들이 역 플랫폼에서 뛰어다녀 위험했는데, '색칠 놀이 카드'를 나눠주어 얌전히 기다릴 수 있게 만든 것도 이때 나온 아이디어였다. 그 외에도 '역 구내에 유아 휴게실을 설치'하고, '남녀공용 화장실밖에 없던 신칸센에 여성 전용 화장실을 설치(JR동일본의 신칸센 한정)'한 것도 팀원의 제안으로 도입된 것이다.

즉 방침, 해야 할 일을 리더가 톱다운으로 정해놓았기에, 팀원의 보텀업을 효과적으로 끌어낼 수 있었다.

함께 결정했다고 말하는 리더가 늘고 있지만, 결정의 주체는 언제나 리더다. '방침'과 '해야 할 일'은 반드시 리더가 정하고, '방법'을 다 함께 고민하자. 팀원의 일이 수월해진다.

08

팀장님, 방치하시는 거 아닌가요?

딴에는 팀원을 생각한다고 참견하고 싶
어도 꾹 참는 리더들이 있다. 그런 마음
도 모르고 팀원이 자신에게 관심 좀 가
져 달라는 얘기를 했을 때 무척 당황스
럽다. 리더는 팀원의 일에 어디까지 관
여해야 할까?

위임과 방임을 구분한다

일부러 구체적인 지시는 생략하고 맡겨놨다가 발생하기 쉬운 문제가 있다. 딴에는 생각해서 일임했는데, 어째선지 팀원은 이렇게 불만을 늘어놓는다.

"방치하시는 것 아니에요? 관심 좀 가져주세요."

팀원의 의사를 존중하려는 리더일수록 이 패턴에 빠지기 쉽다. 솔직히 말하면 나도 예전에 똑같은 실패를 맛봤다. 팀원을 생각한답시고 일을 맡기고 가만히 기다렸는데, 당사자는 그리 생각지 않았던 모양이다.

처음에는 관심 좀 가져 달라는 말을 듣고도 일단 맡긴 일이고 실제로 차질 없이 진행되고 있었기에, 그저 신경 좀 써 달라는 의미로 받아들였다.

그래서 고맙다는 표현을 더 자주 했는데, 아무래도 그게 아니었나 보다. 팀원은 말했다.

"한 번쯤은 저희 일을 직접 해보시면 좋겠습니다."

이런 상황에서 리더가 자주 듣는 대사다. 그렇다면 어떻게 해야 했을까.

선의가 역효과를 가져왔을 때의 충격은 제법 크다. 나 역시 뒤통수를 크게 맞은 느낌이었다. 그래서 팀을 잘 이끌어나가는 리더의 행동을 관찰해 내 나름대로 일 맡기기 방법을 탐구했다. 그 결과 위임과 방임에 두 가지 차이점이 있다는 사실을 알게 되었다.

위임하는 리더는 업무를 잘 알고 있다

위임하는 리더는 현재 팀원이 진행하는 업무에 대해 '구체적'으로 답할 수 있는 반면, 방임하는 리더는 '두루뭉술'하게 답한다. 위임하는 리더는 팀원의 불편·불안·불만에 대해 '사실'을 바탕으로 답할 수 있지만, 방임하는 리더는 '추측'으로만 답한다.

예를 들어 사내 시스템을 구축하는 팀원이 있다고 치자. 그런데 리더는 잘 모르는 분야다. 모든 일을 잘할 필요는 없지만, 업무의 흐름을 파악하기 위해서는 한 번은 그 업무를 경험하는 것

일 잘하는 리더는 이것만 한다

이 좋다. 팀원이 진행하는 작업의 흐름조차 모르면 논의 자체가 불가능하다. 게다가 요점에서 벗어난 개선책을 던져, 팀원에게 스트레스를 줄 수도 있다.

이는 자녀에게 축구나 수학을 가르치는 것과 같다. 자녀를 가르치기 위해서는 능숙하지는 않아도 축구가 어떤 것인지는 알아야 하고, 방정식은 잊어버렸어도 수학이 어떤 것인지는 알고 있어야 한다. 이때 자녀에게 현란한 기술이나 정답을 알려주지 못해도 문제는 없다. 다만 축구 시합을 같이 보러 간다거나 수학의 기본 개념을 이해하고 있는 정도는 필요하다. 이것이 바로 관심 있게 지켜보는 태도다. "코치님께 여쭤봐", "선생님께 상담해보면 어때?" 같은 조언도 평소에 관심 있게 지켜보고, 기본 바탕은 알고 있을 때나 가능하다.

요즘은 이런 방임 문제가 직장 내에 빈번하게 발생한다. 리더와 팀원의 관계에서 더욱 효과적인 위임 기술의 포인트를 뒤에서 알아보자.

#Point

위임과 방임의 차이를 알면 일이 술술 풀린다!

09

일을 맡길 때 적절한 피드백은 필수다

기껏 어떻게 할지 생각해보라고 맡겨놨더니, 어째선지 팀원은 신경 좀 써달라고 요구하지는 않았는가? 사실 그렇게 말해주면 다행이긴 하다. 대다수는 리더에게 입도 뻥긋하지 않고 참는다. 그렇게 참고 참다 팀원의 불만은 쌓여가고, 어느 순간 다양한 형태로 폭발한다.

팀원의 불안까지 보듬어야
진정한 리더

먼저 나의 부끄러운 경험을 털어놓겠다.

갓 리더를 맡았던 시절, 두 팀원이 내게 똑같은 불만을 토로했다. 아니, 솔직히 말하면 말다툼으로까지 이어졌다.

"팀장님을 위해서 이렇게까지 했는데, 신경 좀 써주세요."

아직 리더 경험이 부족했던 나는 하필이면 이렇게 받아쳤다.

"믿고 맡겨놨더니 무슨 소립니까? 게다가 날 위해서라니, 고객을 위해서이지 어떻게 나를 위해서예요!"

"이제 팀장님과는 일 못 하겠어요!"

무지란 이토록 무서운 법이다. 나는 그때 리더가 뭔지 전혀 몰랐다. 그저 실무자의 연장선에서 '서로 프로의식을 발휘하면서 일하면 되는 것'이라고밖에 생각하지 않았다. 내 경험만 믿고 밀어붙인 셈이었다.

그런데 이런 경우는 사실 혼자서도 일을 척척 해내던 실무자가 리더가 되었을 때 흔히 벌어진다.

'외로움'이나 '불안' 같은 부정적인 감정은 배제한 채 싸워온 사람일수록 조심해야 한다.

일할 때 누가 나를 챙겨주기를 바라는 마음 같은 건 아예 선택지에 없었던 나였기에 처음에는 팀원을 도무지 이해할 수가 없었다. 하지만 그런 마음으로는 리더 역할을 해낼 수 없다. 일을 맡겨나가고, 함께 일해나가기 위해서는 '부정적인 감정'까지 포용할 줄 알아야 한다. 그런 역할을 하기 위해 리더가 옆에 있다고 해도 과언이 아닐 것이다. 진정한 리더는 부정적인 감정까지 어루만질 줄 아는 사람이다.

앞서 언급한 '위임'과 '방임'의 차이를 다시 한번 짚고 넘어가자.

방임이 아닌 위임의 기준

① 현재 팀원이 진행하는 작업을 바로 그 시점에 구체적으로 설명할 수 있을 것

② 현재 팀원이 느끼는 부정적인 감정(불안, 불편, 불만)을 파악하고 있을 것

③ 팀원이 진행한 일에 대해 감사의 피드백을 줄 것

원래 일을 맡은 사람은 '일이 잘못되면 어떻게 해야 하나' 불안하기 마련이다. 그래서 팀원은 리더가 상황이 어떻게 돌아가는지 파악하고 있기를 원한다. 한편으로는 진행한 일에 대해 '이 정도면 됐을까' 하는 불안도 안고 있다. 그러므로 원활하게 진행

일 잘하는 리더는 이것만 한다

되고 있을 때야말로 '피드백'이 중요하다. "잘 해냈네요. 고마워요"같이 말이다. 적절한 리액션은 다음에도 열심히 해야겠다는 결심으로 이어진다. 앞서 나온 팀원에게도 이 세 가지를 실천했더니 관계가 한층 끈끈해졌다.

덧붙여 이런 방법도 추천한다. 일주일, 혹은 2주에 한 번은 대화 시간을 마련해보라. 지나가다 흘리듯 하는 이야기가 아니라, 테이블에 앉아서 말이다. 메일은 안 된다. 페이스 투 페이스가 기본이다. 이런 일은 얼굴 보고 이야기하는 것이 중요하다. 장소가 떨어져 있다면 화상 미팅도 좋다.

"이번 주도 고마웠어요. 도움이 많이 됐네요. 뭔가 제가 알아둬야 할 게 있을까요?" 하고 묻는 것이다. 몇 분이라도 상관없다. 아니 장소에 따라서는 수십 초도 괜찮다. 그것만으로도 일하는 사람은 마음이 놓인다.

#Point

**팀원의 불안을 알고 적절히 피드백을 건네자.
적어도 2주에 한 번은 대화 시간을 마련하자.**

10

신입사원에게 적극 일을 맡겨라

신입사원이니 아직 맡기기는 이르다고 생각한 순간, 신입사원의 성장은 요원해진다. 신입사원에게도 일을 맡기는 팀장이야말로 성장에 날개를 달아줄 리더다. 무리하지 않고 친절하게 맡겨나가는 방법을 익혀두자.

신입사원에게 도전할 기회를 주자

리쿠르트매니지먼트솔루션즈의 조사보고서 '올해의 신입사원은 무엇을 원하는가'(2017)에서 주목해야 할 결과가 있다. 리더가 자기에게 일을 맡기리라 기대하는 신입사원의 비율이 5퍼센트 정도라는 것이다. 고작 스무 명에 한 명꼴이다. 이 결과를 보고 어떻게 일을 맡기겠냐며 주저하기는 이르다. 실상은 다르기 때문이다. 풋내기 취급은 신입사원이 '이 회사에서는 성장할 수 없겠다'라고 포기하게끔 만들 뿐이다. 신입사원의 4년 차 이후의 성장은 초반 3년의 경험이 좌우한다. '어려운 과제를 극복해봤는가'에 달려 있는 셈이다. 그러니 진심으로 팀원이 성장하기를 바란다면 초반 3년, 즉 신입사원일 때 한 걸음씩 도전할 기회를 줘야 한다.

다만 무턱대고 맡기면 신입사원은 주저앉고 만다. 팀원을 생각한답시고 이런 식으로 대하는 건 금물이다.

"잘 모르는 부분이 있는데… 어떻게 하면 좋을까요?" 하고 도움을 요청하는 팀원에게 "일단은 옳다고 생각하는 방향으로 해봐요"라고 답하는 것은 팀원의 불안만 가중할 뿐이다. 그렇다면 어떻게 해야 할까.

신입사원에게 맡길 때는 '함께'와 '친절하게'라는 두 가지 키워드를 기억해야 한다. 앞서 나온 조사 결과에서 신입사원이 리더에게 기대하는 것 1, 2위는 다음과 같다.

- 1위: 상대방의 의견에 귀를 기울여줄 것(47%)
- 2위: 한 사람 한 사람을 친절하게 지도해줄 것(40.1%)

일을 맡길 때도 이 기대 요소를 헤아려야 할 것이다. 신입사원에게 일을 맡길 때는 다음 다섯 가지를 기억해두자.

신입사원에게 일을 맡기는 다섯 가지 방법

① 위험부담이 적은 업무를 적극적으로 맡긴다.

② 5W1H로 구체적인 진행 방식을 알려준다(왜 맡기는지, 무엇을 하는지, 어떤 방식으로 진행하는지, 언제까지 완성하는지, 중간보고는 해야 하는지, 잘 모를 때는 어떻게 하는지 등).

③ 알려준 뒤에는 불안하거나 불명확한 점이 없는지 확인한다.

④ 확인 차 본인에게 '해야 할 일'을 읊어보라고 한다.

⑤ 그 후 제대로 처리되었는지 확인한 뒤 잘한 부분을 칭찬한다.

이렇게 하면 신입사원에게 일만 맡긴 것뿐 아니라, 이야기를 잘 들어주고 친절하게 알려주는 고마운 리더로 각인된다. 나도 이를 깨우치고 나서는 '자료 작성'이나 '고객의 소리 수집하기'와 같은 위험부담이 적고 신입사원도 할 수 있을 만한 팀 업무를 조금씩 그들에게 맡길 수 있게 되었다.

분명 당신의 직장에도 위험부담은 적으면서도 꼭 해야 할 일이 있을 것이다. 그런 일을 맡기면 된다. 팀원의 성장 속도가 눈에 띄게 바뀔 것이다. 하루빨리 믿음직한 인재로 키우고 싶다면 꼭 차근차근 시도해보기 바란다.

11

리더의 실패담이 팀원을 움직이게 한다

빈틈없는 리더는 팀원의 주체성을 끄집어내기가 어렵다. 탁월한 리더는 친절함에 자신의 실패담을 얹어 널따란 페어웨이를 느끼게 해준다. 골프에서 페어웨이가 넓으면 과감하게 풀 스윙 할 수 있듯 팀원도 당신의 실패담에서 자신감을 얻을 것이다.

리더의 약점이
팀원의 주체성을 끌어낸다

얼마 전 근처 식당에서 일어난 일이다. 어깨너머로 알아서 보고 배우라는 듯 점장 혼자 이리저리 주방을 가로지르고 있었다. 2배속 버튼을 누른 듯한 풍경이었다. 점장은 착착 움직이는데 뒤편에 있는 아르바이트생은 뭘 해야 할지 몰라 주뼛주뼛하거나 오도카니 서 있었다.

'뭔가 해야 할 것 같긴 한데, 섣불리 움직였다가는 한소리 들을 것 같고….' 어디에 지뢰가 묻혀 있는지 모른다는 듯한 분위기였다. 점장은 결국 멀뚱히 서 있는 아르바이트생을 나무랐다.

"멍하게 서 있으면 어떡해. 손님 기다리시잖아."

아르바이트생은 어찌할 바를 모르고 눈동자만 이리저리 굴렸다. 점장은 득달같이 쏘아붙였다.

"눈만 굴리고 있음 뭐 해. 지금 뭘 해야 할 때야?"

아르바이트생이 부랴부랴 용기를 쥐어짜 접시를 옮기려는데, 점장의 곁눈질 레이더가 작동했고 곧바로 지뢰가 터졌다.

"그게 아니잖아. 지금 뭘 해야 하냐고!"

일을 가르치려는 마음은 알겠지만, 이런 식으로 쏘아대면 배우기도 전에 직원이 나가고 만다. 리더가 자기만의 방식이 너무 확고한 데다 알아서 보고 배우라는 식이니, 직원은 불안해질 뿐이다. 이 2배속 점장만큼은 아니어도 실무자로 활약한 사람일수록 세세한 부분까지 요구하기 마련이다. 묘수가 없을까.

팀원의 풀 스윙을 보고 싶다면, 페어웨이가 널따랗게 펼쳐져 있다는 사실을 그가 느낄 수 있도록 해야 한다.

기업연수 강사 일을 하다 보면 관리직분들을 많이 만난다. 팀원의 이직률이 낮고 주체성이 높은 팀원을 둔 뛰어난 관리직이라면 공통으로 하는 행동이 있는데, 바로 일부러 실패담을 늘어놓는 일이다.

"저 신입일 때 말이죠, 목표 달성 압박 탓에 고객은 안중에도 없었어요. 부끄럽지만 고객한테 한소리 듣고서야 깨달았죠. 고객 관점을 잊지 말도록 해요."

이런 고백은 팀원의 주체성을 끌어내는 데 강력한 효과를 발휘한다. 팀원들은 말한다.

"지금은 부족함이 없어 보이는 리더도 옛날에는 그랬구나 싶어서 한편으로 마음이 놓여요."

이게 바로 널따란 페어웨이다. 리더가 어느 정도의 실패는 포용해주리라는 생각에 안심하게 된다.

팀원의 주체성을 끌어내는 리더들의 또 다른 공통점은 알고 있는 사항도 모르는 척 가르쳐달라는 자세를 취한다는 점이다.

"신입사원을 어떻게 환영해주면 좋을까요?"

"음, 다 같이 환영의 메시지를 쓰는 건 어떨까요?"

"그런 방법이 있네요! 맡아봐도 좋을 것 같은데, 어떠세요?"

"알겠습니다. 팀원들끼리 의논해보겠습니다."

리더가 모르는 척할수록 팀원은 마음 놓고 자유롭게 발언할 수 있다. 중요한 것은 자유롭게 이야기해도 괜찮겠다는 마음이다. 이를 전문용어로 '심리적 안정성'이라고 한다. 이 심리적 안정성을 담보하는 수단으로서 실패담을 이야기하거나 모르는 척한다.

약점을 보이자.

틀림없이 팀원의 주체성이 올라갈 것이다.

#Point

팀원의 주체성을 끌어내기 위해서 당신의 '약점'을 영리하게 드러내자!

12

'나 때는' 잠시 잊고 무경험 리더처럼

> 탁월한 실적이 없는 사람이 리더로서 일을 잘 해내지 못하리라는 추측은 오산이다. 업무방식에 따라서는 플레이어로서의 실적과 경험이 없는 편이 유리할 때가 있다. 오히려 실적과 경험이 풍부한 사람일수록 실제로는 더 조심해야 한다.

무경험이 무기가 된다

얼마 전 스포츠센터를 운영하는 세 사람과 대화를 나눴다. 한 사람은 몸이 아주 탄탄한 프로 복서 출신, 또 한 사람은 현역 보디빌더로 역시나 성난 근육질을 뽐냈다. 그리고 마지막은 생뚱맞게도 전직 편집자였다. 그 자리에서 화제로 오른 것이 무경험이 무기가 된다는 이야기였다. 전직 편집자는 말했다.

"스포츠센터 일은 하나도 몰랐죠. 그래서 직원에게 물어가며 진행할 수밖에 없었어요. 직원에게 일을 맡겨보면 상상도 못 한 제안을 해와요. 괜찮아 보이면 일단 시도하죠. 그들 덕분에 그럭저럭 계획한 대로 꾸려나가고 있죠."

이렇게 겸손하게 말했지만, 컨디션을 조절하는 스포츠센터라는 참신한 콘셉트로 업계에서 순조롭게 성장하고 있다.

수많은 경영자가 '경험이 전무하거나 젊은 사람은 당해내지 못할 때가 있다'는 말을 한다. 일단 좋다고 판단하면 업계의 '금기'도 주저하지 않고 펼쳐나가는 대담함이 있다는 뜻이다.

편집자 출신의 스포츠센터 운영자처럼 경험이 없으니까 현장을 잘 아는 직원의 의견을 귀담아들으면서 일할 수밖에 없고, 그 제안이 금기사항일지라도 순순히 받아들여보는 것이다. 그런 대담함이 일 맡기기 고수의 길로 이어지는 셈이다.

무경험 리더의
전술을 따라 한다

그렇다면 경험 있는 리더는 어떻게 해야 할까. 팀원의 의견을 경청하면서 금기일지라도 시도해보면 된다. 고정관념을 깨부술 수 있는 과감함에서 성패가 갈린다. 방법은 아주 단순하다.

일 맡기기 고수가 되는 행동

① 먼저 팀원과 거래처의 의견을 듣고 현황을 파악한다.

② 팀원과 거래처에 '3불(불만, 불편, 불안)'을 묻는다.

③ '이렇게 하면 되지 않을까?' 내 나름의 가설을 세운다.

④ 여러 팀원으로부터 의견을 듣는다.

⑤ 고정관념 없이 팀원의 제안을 받는다.

⑥ 작은 일부터 시도해 새로운 성공의 길을 만든다.

여기서 핵심은 '내 나름의 가설'을 세워두는 것이다. 그러지 않으면 팀원의 제안을 아무 필터 없이 받아들이게 된다. 결정은 다 같이 내리는 것이 아니라 리더가 주체여야 한다는 사실을 명심하자.

만일 최근 반년을 돌아봤을 때, 팀원이 아이디어를 거의 내지 않았다거나 주체성이 부족했다 싶으면 보텀업 형태로 아이디어를 구해보면 어떨까. 당신이 그동안 직장이나 상품서비스에 문제가 있다고 느꼈다면 절호의 기회다. 팀원에게 어떻게 생각하는지 직접 물어보자. 물론 다른 문제가 있는지 대화를 나누는 것도 추천한다. 리더의 경험과 발상을 뛰어넘는 '파격'이 탄생할지도 모른다. 이번 한 달 동안 팀원들과 '금기'를 찾아보는 건 어떨까. 이렇게 반복하는 과정이 당신의 리더십 스타일을 확고하게 다져줄 것이다.

#Point

보텀업으로 팀원의 의견을 들으면서 금기를 찾아 시도하자.

일 잘하는 리더는 이것만 한다

2장

꼰대와
매력적인 리더의
결정적 차이

: 리더의 커뮤니케이션

엄격한 리더는 이제 그만!

팀원을 훈계하기는 참 어렵다. 사이가 틀어지면 같이 일하기 껄끄러워지는 데다 팀원이 그만두기라도 하면 리더 자질을 의심받는다. 팀원이 잘못했을 때 어떻게 말하면 좋을까?

딱딱한 설교는 NO!

바야흐로 '별생각 없이 엄격하게' 대했다가는 큰일 나는 시대다. 본인은 잘되라는 마음에 했을지라도 갑질 취급 받기 딱 좋기 때문이다. 실제로 근 10년 사이에 노동국에 상사 갑질 관련 상담이 세 배로 급증했는데, 살펴보면 무리하게 일을 떠넘긴다는 내용도 포함되어 있다.

일본능률협회가 발표한 2018년 신입사원이 꼽은 '이상적인 리더 유형'은 젊은 층의 경향을 주시하는 나에게조차도 놀라운 결과였다.

'잘못했을 때 혼내는 리더'가 4위→5위→10위로, 3회 연속으로 급락한 것이다. 이는 좋고 나쁘고의 문제가 아니라 환경의 변화에 기인한다. 혼나지 않는 환경에서 살아왔기 때문이라고 생각하면 이해가 쉽다.

설명을 조금 덧붙여보겠다. 이렇게 생각해보면 어떨까. 우리가 교사나 선배로부터 뺨을 맞았다면 어땠을까 하고 말이다. 결코 용납할 수 없는 일이다. 하지만 2000년대까지도 으레 있는 일이었다. 이게 자라난 환경의 차이다. 시대의 변화에 따라 지도 방식이 바뀌는 것은 필연적이다.

하지만 여기서 주의해야 할 것은 과잉 적용하는 태도다. 무슨 일이 있어도 팀원을 혼내면 안 되겠다는 결론은 성급하다. 그에 따른 폐해도 분명 존재하기 때문이다. 팀원의 미래를 생각하는 리더일수록 폐해가 짐작되기 때문에 마음이 무거워진다.

이럴 때는 접근방식을 바꿔보면 어떨까. 딱딱함을 버리고 친절하게 가르치는 것이다. "이 정도도 못 하면 안 돼"식의 설교는 금물이다.

우선 '왜' 그 업무를 맡기는지 설명하고, 구체적으로 '어떻게' 해야 좋을지 순서대로 알려준다. 여기서 그치면 안 된다. 지시사항을 듣고 어떻게 생각했는지 확인해야 한다. 불안한 점, 불명확한 점이 없는지 확인하고, 그 후에도 정기적으로 확인하는 자리를 마련한다.

이렇게 한다면 분명 이상적인 리더가 될 것이다. 실제로 앞서 나온 신입사원 의식조사에는 이런 보고가 있다. 신입사원들이 그리는 이상적인 리더 1, 2위다.

- 1위: 팀원의 의견과 요구사항을 경청하는 리더(33.5%)
- 2위: 업무를 세심하게 지도하는 리더(33.2%)

일 잘하는 리더는 이것만 한다

신입사원들과 이야기해보면 고개가 끄덕여진다. 모르는 게 많으니, 엄격하게 지도하기 전에 제대로 가르쳐주면 좋겠다는 게 그들의 속내다. 아무도 오냐오냐해 달라고 하지 않았다. 조금 더 세심하게 지도하는 실질적인 요령을 갖춰야 한다.

#Point

**신입사원을 애송이 취급하는 건 금물!
다만 세심하게 가르쳐주자.**

02

나와 다른 가치관을 받아들인다

플레이어로 활약했던 사람의 대다수는 열심히 일하면서 성장해나가는 게 당연하다고 생각한다. 하지만 그런 생각으로는 리더 역할을 해내기 어렵다. 성장을 대수롭지 않게 생각하는 팀원도 있기 때문이다. 설령 이해는 되지 않더라도 받아들이는 것이 기본자세다.

기준이 하나뿐인 리더는 위험하다

플레이어로 활약한 사람은 리더가 됐을 때 주의해야 한다. 열심히 일해온 사람일수록 '당연한 것'의 기준이 하나뿐이기 때문이다. 이렇게 말하는 나도 사실 그런 경향이 있어서 고생깨나 했다. 영업만큼은 일이 잘 풀렸던 터라 누구나 영업왕이 되고 싶다고 생각하는 것이 일반적이라고 믿었다.

"이걸 해내면 어디서든 통하는 영업사원이 될 거예요."

"영업왕이 되려면 비즈니스 서적을 읽는 게 좋아요."

"영업왕이 되는 데는 노력보다 '올바른 영업 방식'이 제일 중요하죠."

팀원을 붙들고 이런저런 지론을 펼쳤다.

어느 부서에 리더로 부임했을 때의 일이다. 한 팀원이 나에게 이런 말을 했다.

"성장 같은 건 크게 관심 없는걸요? 물론 제 책임은 다하겠지만요."

머리가 띵했다.

"음, 좀 아깝지 않아요?"

팀원의 말을 부정적으로 받아들인 내가 겨우 짜낸 대답이었다.

'자신도 모르게 내뱉는 지적.' 이것이 기준이 하나밖에 없는 리더가 보이는 반응이다.

나의 지론을 펼치기 전에 팀원의 가치관에 관심부터 두자. 그런 당연한 것을 유능한 플레이어일수록 놓치기 쉽다. 일단 팀원에게 무슨 생각을 하고 있는지 물어보자. 이해할 수 없어도 괜찮다. 그저 받아들일 수만 있다면.

앞서 성장에 관심이 없다던 팀원도 차근차근 이야기를 나누다 보니 자기 나름의 사연을 꺼냈다. 처음 취직했던 회사가 이른바 '악덕 기업'이었던 모양이다. 고객은 어떻게 되든 상품 판매에만 혈안이 된 그런 회사 말이다. 동기들 대부분이 퇴사하는 모습을 보면서도 회사를 그만두지 않고 열심히 해보고자 발버둥 쳤다. 그렇게 하다 다다른 결론이 '마음은 비우고 책임만 다하자'였다. 이 생각이 그의 밑바탕에 자리 잡게 된 것이다. 나는 그 생각에 찬성할 수도 없고, 환영하지도 않는다. 하지만 받아들인다. 아니, 받아들여야 한다.

한 사람의 가치관은 쉬이 바뀌지 않는다. 중요한 것은 배경을 이해하는 것이다.

이럴 때 내가 리더로서 할 수 있는 일은 두 가지다. 하나는 그에게 적극적으로 일을 맡기면서 그의 방식대로 성과를 내게 하는 것이다. 또 하나는 그가 리더가 됐을 때, 그런 생각으로는 해나가기 어려울 테니 지금부터 대화를 거듭하면서 다른 시점도 있다는 사실을 조금씩 알려주는 일이다.

정리해보자. 우선 무턱대고 부정하지 않는다. 그 어떤 가치관도 일단 받아들이는 게 기본이다. 플레이어로 활약했던 사람일수록 주의하자.

#Point

그 어떤 가치관도 부정하지 말고 받아들인 후 대화를 시작하자.

03

늦은 시각이나 휴일에 연락하지 않는다

'지금 당장 팀원에게 연락하고 싶다. 잊어버리기 전에 밤중에 메일을 보내둬야겠다.' 많은 리더가 흔히 하는 생각이지만 적절치 않다. 밤중에 보낸 메일이 팀원에게는 부담으로 다가온다는 것을 짐작해야 한다. 일 맡기기 고수가 되려면 상대방을 배려하는 상상력이 필요하다.

일 맡기기 고수는 상대방의 가치관을 존중한다

예전에는 한밤중이든 휴일이든 팀원에게 연락해도 문제가 되지 않았다. 하지만 지금은 다르다. 인사부에서도 그냥 넘어가지 않는 중대한 문제행동이다. 일을 맡긴 팀원이 자꾸 생각나도 한밤중이나 휴일에 메일을 보내서는 안 된다는 말이다.

시대가 변하면서 상식도 크게 변하고 있다. 근무시간 외 노동에 해당한다는 기업윤리의 관점에서도 그러하며, 팀원이 필요 이상으로 압박을 받을 수 있다는 리스크 관리의 관점에서도 그렇다. 팀원이 업무 스트레스로 번아웃되거나 이직이라도 하면 본말전도다.

'그렇게 나약해서야!'라고 생각하는 독자도 있을지 모른다. 하지만 비즈니스의 규칙이 '엄격'해졌을 뿐이다. 본인의 회사는 그 정도까지는 아니라고 생각했다면 굉장히 위험하다.

회사에서 문제삼지 않는다 해도 신입사원의 이직에 영향을 미칠 가능성은 여전히 크다. 그도 그럴 것이 헤드헌터를 통하면 조건 좋은 일자리를 얼마든지 소개받는 시대다. '우리 회사는 괜찮겠지…'는 통하지 않는다.

물론 노력만으로 상식을 바꾸기란 여간 어려운 일이 아니다. 이렇게 한번 상상해보자. 타국에서 자란 팀원에게 일을 맡긴다면 어떨까. 상식이 다르니 나와 다른 게 당연하게 생각되는 리셋 기술이다.

내게도 외국인 팀원이 있는데, 회사가 아무리 바빠도 6시 땡하면 귀신같이 퇴근한다. 유명 브랜드에 입사한 스페인 지인(신입사원)은 유급휴가를 자유롭게 내지 못하는 분위기를 이해할 수 없어 한다. 친구 회사에 근무하는 미국인 여성은 "회식이 가족 동반이 아니라 곤란"하다고 불만을 토로한다.

상식은 하나가 아니라는 게 느껴지는가? 업무를 차츰 맡겨나가기 위해서도 이런 사고방식, 즉 '나와 꼭 같지 않은 게 당연하다'는 생각을 기본으로 삼아야 한다.

자, 다시 이야기로 돌아오자. 저녁 시간대에 메일을 보내는 것도 마찬가지다. 그 행동을 비상식적이라고 생각하는 사람도 꽤 있을 것이다. 팀원이 압박으로 느낄 수도 있다는 사실을 이해하려는 노력이 필요하다. 또 팀원이 늦은 시간대나 휴일을 느긋하게 보내도록 배려할 줄도 알아야 한다. 이 모든 것을 고려해도 지금 당장 보내고 싶다면, 예약 설정을 이용해 다음 날 아침에 발송되게 하자. 이런 부분을 염두에 두는 것이 중요하다.

정리해보자. 팀원에게 일을 맡겨놨다고 별생각 없이 한밤중이나 휴일에 연락하는 행동은 그만두자. '이 팀장과는 일 못 하겠다'라는 불신의 씨앗이 될 수도 있고, 스트레스를 받아 번아웃되거나 이직을 결심할 수도 있다. '나와는 다르다. 그러한 상대방을 존중한다.' 이러한 마음가짐을 잊지 않는 것이 일 맡기기 고수가 되는 기본이다.

#Point

일을 제대로 맡기고 싶다면 나와 다른 상대에 대한 배려를 잊지 말자.

04

신입사원에겐 핵심만 가르친다

학생 티를 벗지 못한 신입사원은 피곤하다. 일일이 지적하는 것도 여간 귀찮은 일이 아니다. 리더와 신입사원 모두에게 득이 되는 가장 단순한 교육법을 소개한다.

'말 안 해도 알 거야'는
일이 꼬이는 지름길

손이 가는 신입사원 때문에 스트레스를 받고 있지는 않은가? 예컨대 왜 실수했는지를 물으면, "아직 배우지 못한 부분이라서…"라고 태연하게 대답하고, 제대로 하지 못한 이유를 따지면 "배운 대로 하고 있긴 한데…"라고 대답한다. 신입사원 연수는 어땠느냐고 물으면 "아는 내용도 있어서 전반적으로 효율이 떨어지는 것 같았습니다"라고 평가하듯 말한다. "좀 겸손하면 덧나냐!"라는 말이 목구멍까지 차오른다.

"분별력 좀 키우지 그래!"라고 말해도 통하지 않을 것이다. 사회인으로서의 태도를 갖추지 못하고 사회로 나온 사람도 있으니 어쩔 도리가 없다.

그런데 이런 신입사원은 하나를 보면 열을 안다고, 타부서나 거래처에서도 눈총을 받을 확률이 높다. 그렇게 되면 리더로서 인재 육성 능력을 의심받아도 할 말이 없다.

나는 이 방법을 추천한다. 상대방은 나와 다르다고 인정하는 것이다. 자라난 문화가 다르다는 걸 일단 받아들이고 규칙을 알려주자. 그것만으로도 신입사원의 태도가 눈에 띄게 바뀔 것이다.

외국에서 살아온 사람에게 일을 가르친다고 가정해보는 것이다. 만약 한 외국인이 한국 가정집에 놀러 왔을 때 무심코 신발을 신고 거실까지 들어왔다고 해보자. 그렇다 해도 그에게 문제가 있다고 할 수 없다. 그저 문화가 다를 뿐이다. 그럴 땐 차근차근 이곳의 문화를 알려주면 된다. 신입사원이라고 다를까?

"회의 시작 5분 전에는 입실하면 좋겠어요", "비품이 부족하지 않도록 확인 바랍니다"라고 신입사원에게 바라는 점이 있다면 이렇게 한 번 짚어주면 된다. '이 정도는 말 안 해도 알겠지' 하고 넘어가려는 순간부터 일은 꼬이기 시작한다.

그렇다고 옆에 끼고 앉아 미주알고주알 알려주는 건 삼가길 바란다. 본인도 진이 빠지는 일일 뿐더러 신입사원 입장에서도 혼란스럽다.

핵심만 콕 짚어준다

신입사원에게는 핵심만 짚어 가르치는 게 좋다. 가령 "모든 일은 상대가 무엇을 원하는지 생각한 후 행동하라"라고 명확하게 전

일 잘하는 리더는 이것만 한다

달하고, 바로바로 피드백하는 것이다.

"방금 통화 내용 좋았어요. 상대방을 배려하는 것이 느껴지더군요"라든가, "방금 그 인사는 (상대방 입장에서) 좀 그렇지 않을까요?"처럼 말이다.

그렇게 하면 다양한 상황에서의 분별없는 행동이 바뀌어 나간다. 연수에 대한 소감도 감사하는 마음과 배운 내용의 보고로 바뀐다. 역지사지로 생각하면 자료도 일찌감치 제출하게 된다.

즉 사리분별력은 '기준 제시'와 '피드백'을 통해 키울 수 있다. 행동과 태도에만 주목하면 자칫 자잘한 일까지 들쑤시는 지적이 되고 만다. 모든 일이 그렇지만 핵심이 중요하다.

#Point

미주알고주알 지적하지 말고 핵심만 짚어주자.
그리고 역지사지의 자세를 환기해주자.

05

팀원의 강점을 적극 빌려라

나이 많은 팀원은 대하기 어렵다. 리더
인 자신보다 업무에 능숙해서 가르쳐
줄 것이 없을 경우 더 난감하다. 단순히
'조정 역할'만 겨우 해내고 있지는 않은
가? 나이 많은 팀원을 대하는 노하우를
공개한다.

한 수 배우겠다는
자세로 다가간다

당신 직장에만 나이 많은 팀원이 늘어난 것은 아니다. 산업능률 대학교에서 실시한 '과장 실태조사(2018)'에 따르면, 나이 많은 팀원을 둔 과장이 과반수(50.9%)이다. 승진 루트가 다양해진 요즘엔 드문 일이 아니다.

나이 많은 팀원을 대하기 어려워하는 리더가 적지 않다. 특히 일 잘하는 나이 많은 팀원을 둘 경우 그 경향은 뚜렷하다.

내게도 그런 경험이 있다. 영업능력이 탁월한 데다 프로의식도 굉장히 높은 나이 많은 팀원이 있었다. 지금까지 해온 영업 기술을 지도하는, 이른바 노하우를 알려주는 방식으로는 리더의 가치를 드러낼 수 없었다. 그렇다고 단순히 조정이나 전달 역할에 그치면 실패다. 그들은 대부분 조직의 논리를 숙지하고 있는 만큼 '이런 분위기라면 한 단계 위의 상사와 직접 이야기하는 게 빠르겠다'라고 간파할 것이다. 그리되면 리더로서의 가치는커녕 쓸모없는 존재로 비칠 가능성마저 생긴다.

그런데 팀원의 입장에서 생각해보면 의외로 단순한 법칙이 눈에 들어온다. 과연 나이 많은 팀원 입장에서는 어떤 타입의 나이 어린 리더가 같이 일하기 편할까. 엔재팬En Japan이 30, 40대를 위한 이직 사이트 '미들Middle의 이직' 사용자를 대상으로 실시한 '나이 어린 리더'에 관한 설문 결과를 참고해보자.

같이 일하기 편한 나이 어린 리더의 상위권에는 '겸허한 리더', '타인의 의견을 유연하게 받아들이는 리더'가 올랐다. 한편 같이 일하기 불편한 나이 어린 리더 상위권에는 '사람을 잘 다루지 못하는 리더', '지식과 식견이 부족한 리더', '다른 사람의 의견을 받아들이지 못하는 리더', '덕망이 부족한 리더' 등이 있었다.

이러한 결과로 미루어보면, 조정 역할에 머무르면 안 되는 것은 물론이고 겸허한 자세 또한 중요하게 여겨야 한다. 나이 많은 팀원 입장에서 같이 일하기 편한 리더가 되기 위해서는 세 가지 원칙을 머릿속에 집어넣자.

① 판단 기준을 제시한다

중심을 못 잡고 갈팡질팡하면 안 된다. 건강, 위험, 인권 문제, 가족의 긴급상황 등은 예외지만 업무상 벌어지는 일이라면 팀의 목표와 방침을 우선해야 한다. 판단 기준을 명확히 제시하자. 나이 많은 팀원은 경험이 풍부하다. 판단 기준이 모호하면 리더와 팀원 모두 자신의 경험을 바탕으로 판단하여 부딪치기 쉽다.

일 잘하는 리더는 이것만 한다

② 유연한 자세를 잃지 않는 지원군이 된다

나이 많은 팀원은 순수하게 일에 열중하는 것으로 상하관계의 딜레마를 극복하려고 한다. 리더는 이야기를 들으면서 더 나은 진행 방식을 함께 고민하고, 유연하게 환경을 정비해야 한다.

③ 한 수 배우겠다는 자세를 취한다

그들의 경험을 얕보지 말자. 실무 경험은 물론, 예전에는 팀원이나 후배를 관리한 경험도 있을 것이다. 사회인으로서의 식견을 나보다 더 갖추고 있다고 생각하자.

자신의 경험이나 지위로 이기려 하는 사람은 리더가 아니다. 오늘날의 리더는 나이 많은 팀원의 '강점'을 빌려 팀의 성과를 최상으로 끌어올릴 줄 알아야 한다.

06

신뢰는 실수했을 때의 한마디로 결정된다

팀원이 일을 잘 해냈을 때 칭찬하는 것은 누구나 할 수 있는 일이다. 그러나 그것만으로는 팀원의 마음을 얻을 수 없다. 팀원은 실패했을 때도 받아줄 줄 아는 리더를 기다린다.

신뢰할 수 있는 리더란?

하나를 말하면 대여섯 개를 해내는 팀원이 나를 지원해주면 어떨까, 상상한 적 있는가. 불가능한 일은 아니다. 거꾸로 생각해보자. '이 리더를 위해서라면' 하는 마음이 들었던 리더는 없었나? 말하자면 존경할 수 있는 리더 말이다. 응답자의 약 70퍼센트가 존경할 만한 리더를 만난 경험이 있다니(2018년의 엔재팬 설문조사) 가능성은 충분하다. 즉 내가 그런 리더가 되면 되는 셈이다. 그러기 위해서는 우선 '신용'과 '신뢰'의 차이를 아는 것부터 출발해야 한다.

신용이란, 내뱉은 말을 반드시 지키는 것이다. 모르는 것을 정확하게 알려주는 것. 말하자면 꼼꼼하고 정확한 사람의 미덕이다.

신뢰란, 무슨 일이 있어도 '내 편'이 되어주는 것이다. 예컨대 실수를 저질러도, 잘 해내지 못했을지라도 믿어준다.

말하자면 팀원을 인정하고 소중히 생각하는 사람의 미덕이다.

당신이 목표하는 바는 물론 신뢰할 수 있는 사람이리라. 자세히 살펴보자.

앞서 언급한 조사에서 존경할 만한 리더의 어떤 점을 존경하는 가에 대해서도 질문했는데, 그 답변에 힌트가 있다. 젊은 직원이나 베테랑 직원이나 1위는 같았다. '일 잘하는 리더'가 아니었다.

1위는 신뢰할 만한 인품을 지닌 리더(무려 60퍼센트!)였다. 부연 설명을 요약해보면 다음과 같았다.

- 실수를 저질렀을 때, 나서서 커버해주었다.
- 혼낸 뒤에 "고객도 중요하지만, 팀원을 지키는 게 내 일"이라며 다독여주었다.
- 훌륭하다고 늘 인정해주었다. 그 덕분에 성과를 냈다고 생각한다.
- 상사 월급이 높은 것은 팀원이 실수했을 때 고개 숙이는 일도 포함된 것이니, 나를 월급 도둑으로 만들지 않으려면 맘껏 실수하라고 말해주었다.
- 방패막이를 자처하면서 팀원의 강점을 끌어내주었다.

어떤가. 즉 어떤 실수를 하든 팀원을 소중하게 여기는 리더. 그 것이 우리가 목표로 삼아야 할 베스트 포지션이다. 이쯤 되니 떠오르는 일이 하나 있다. 플레이어였던 시절, 아깝게 영업 목표를 달성하지 못한 적이 있었다. 풀이 죽어 있는데 곧장 팀장에게서 전화가 걸려 왔다.

"국수 먹으러 갈래요?"

혼내려나 싶었는데 국수를 먹으면서 팀장은 이런 이야기를 했다.

"잘했어요. 억울하겠지만 다 좋은 경험이 될 거예요. 지금처럼 열심히 해봐요."

그 순간 이 팀장을 위해 열심히 해야겠다는 생각이 들면서 가슴이 뜨거워졌다.

최근 성과가 나오지 않는 팀원, 의욕이 살짝 떨어진 팀원, 크게 눈에 띄지 않는 팀원, 동기에게 추월당한 팀원 등 마음이 쓰이는 팀원이 있다면 말을 걸어보자. 리더에게 인정받는 것의 효과는 기대 이상으로 절대적이다. 분명 그들은 당신을 위해 기꺼이 힘을 내줄 것이다.

#Point

실수한 팀원, 기운 없는 팀원일수록 말을 걸어보자.
그리고 그의 편이 되어주자.

07

효과적인 칭찬 포인트를 안다

"잘했어요", "축하해요", "고마워요"를
내뱉는 것만으로는 '칭찬 고수'라 보기
힘들다. 칭찬으로 팀원의 의욕을 고취
하는 리더야말로 진정한 칭찬 고수다.
리더가 되었다면 칭찬 포인트를 찾아
내자.

노력보다 능력을 칭찬하자

"당신은 최근 일주일 동안 팀원을 칭찬한 적이 있습니까?"

내가 강연에서 이렇게 물으면, 90퍼센트는 있다고 답한다. 그리고서 "무엇을 칭찬했습니까?" 하고 물으면 이런 답이 돌아온다.

- 도와준 일
- 부탁한 일을 해준 것
- 목표를 달성한 것

이렇듯 결과 혹은 노력에 대한 칭찬이 압도적이다. 사실 이런 칭찬법은 의욕을 고취하는 데 크게 도움이 되지 않는다. 행동에 변화를 줄 정도로 의욕이 높아지는 것은 '능력'이나 '내면'을 칭찬했을 때다.

칭찬 대상에 따라 아동의 의욕이 어떻게 변하는지, 칭찬 포인트의 차이가 주는 효과에 대한 조안 그루섹Joan E. Grusec의 실험을 살펴보자. 게임 중 타인에게 구슬을 나눠준 아이에게 아래와 같이 두 가지 방식으로 칭찬했을 때, 어떤 아이가 구슬을 더 많이 나눠줬을까.

- A: "다른 사람에게 구슬을 나눠주다니 정말 멋지다"라는 칭찬을 받은 아이

이를 '외적귀속'이라고 하는데, 행동이나 결과를 칭찬하는 방법에 해당한다.

- B: "구슬을 나눠줬구나. 도와주려는 마음이 정말 멋지다"라는 칭찬을 받은 아이

이를 '내적귀속'이라고 하며, 그 사람의 능력이나 생각을 칭찬하는 방법에 해당한다.

결과는 B다. 내적귀속으로 칭찬받은 아이가 구슬을 더 많이 나눠주었고, 2주 뒤까지 칭찬의 영향이 유지되었다고 한다.

이는 적극적 공손Positive Politeness이라는 개념을 알면 더 쉽게 정리된다. 적극적 공손은 타인에게 인정받고 싶고 호감을 얻고 싶은 욕구이다. 상대의 말에 공감하거나 칭찬하는 등의 적극적 공손 전략을 쓰면 소통이 원활해진다. 떠올려보자. 회사는 당연

히 성과를 요구하는 곳이다. 팀원의 인정 욕구를 채울 기회가 적지 않을까. 그래서 더더욱 팀원의 내면을 칭찬하는 것이 효과적이다. 내적귀속으로 칭찬하면 이런 식이다.

- 도와줘서 고마워요. 항상 친절하네요. 덕분에 살았어요.
- 팀원이 부탁한 것을 들어주었군요. 배려하는 모습이 보기 좋아요. 고맙습니다.
- 목표 달성 축하해요. 정말 든든하네요. 고마워요.

어떤가. 리더가 이런 식으로 칭찬해준다면 조금 더 힘을 낼 마음이 들지 않을까? 리더의 어떤 칭찬에 호감도가 높은지를 나이대별로 조사한 것에 따르면, 10~20대는 '친절하다, 밝다, 유쾌하다, 소통이 잘된다'가 인기 순위 상위 항목이었고, 50~60대는 '친절하다, 밝다, 배려심이 깊다, 활기차다, 든든하다'가 상위 항목이었다.

다소 차이는 있지만, 결과는 비슷했다. 입에서 칭찬이 잘 튀어나오지 않을 때 참고하자. 칭찬 기술은 일 잘하는 리더의 필수 덕목이다. 그중에서도 결과나 노력뿐 아니라 능력과 내면을 칭찬하는 것이 효과적이라는 사실은 반드시 기억해둘 포인트다. 그렇게 하면 리더가 자신을 믿어준다는 생각에 분발할 것이다.

08

좋은 리더보다 멋진 리더

리더에게 '멋'은 필수요소다. 구닥다리 리더는 먹히지 않는다. 단정한 차림새는 물론 자극을 주는 존재여야 한다. 고도의 기술은 필요 없다. 리더의 습관 속에 멋이 배어 있느냐가 관건이다.

사람은 좋은데
자극을 주지 못하는 리더

"직장인의 유일하고도 절대적인 리스크는 리더다. 리더가 답이 없으면 비즈니스 인생의 절반 이상을 망치게 된다."

도쿄 도의 첫 민간인 교장으로 유명한 후지하라 가즈히로 藤原和博의 말이다. 이보다 적절한 말이 있을까. 내가 여태껏 봐온 바로는 "나 때는 말이지"란 말을 달고 사는 리더 밑에서는 팀원이 성장할 수 없다. 과거의 경험과 실적만 믿고, 능력과 감성을 업데이트할 마음이 없는 리더이기 때문이다. 한마디로 말하면 호기심 제로인 사람이다.

이런 리더 아래에서 팀원들은 다음과 같은 고민에 빠진다. '사람은 좋은데 배울 게 별로 없잖아? 직장을 옮겨야 하나…' 이른바 상위학교 출신이나 성장 욕구가 강한 우수 인재부터 그만두기 시작한다. 팀원은 늘 호기심을 지니고 인풋을 게을리하지 않는 사람에게 자극을 받는다. 본인이 '나 때는 병'에 걸려 있다고는 좀처럼 깨닫기 어려운 법. 그렇다고 누가 지적해줄 사항도 아니다. 그러니 한번 체크해보는 건 어떨까? 만약 다음 중에서 두 가지 이하로 체크했다면 빨간불이 들어온 상태다.

☑ **팀원에게 지적 자극을 주는 리더 진단**

☐ 평소에 경제신문을 읽고, 때로는 팀원에게 토픽을 전달한다.

☐ 업계 신문 또는 잡지를 훑어보면서 업무에 필요한 지식을 수집해 최
신 사례를 팀원에게 알려준다.

☐ 비즈니스 서적을 한 달에 한두 권은 읽으며, 때때로 그 내용을 팀원
에게 이야기한다.

☐ 사내에 우수 사례가 있으면, 그 정보를 듣고 팀원에게 전달한다.

☐ 사외에 우수 사례가 있다는 정보를 입수해, 팀원에게 전달하려고 노
력한다.

어떤가. 리더라면 갖추어야 할 최소한의 인풋이라고 생각하
자. 만약 해당 사항이 없다면, 팀원은 당신에게서 자극을 못 받
고 있을지도 모른다.

회사 밖의 삶을 즐기는 리더가 신뢰를 얻는다

최근 '워크패밀리 인리치먼트 Work-Family Enrichment'라는 개념이 주목받고 있다. 워크패밀리 인리치먼트는 일과 삶의 균형을 적절하게 유지하는 워라밸을 넘어선 개념으로, 일에서 얻는 성취감이 일상생활을 풍요롭게 하고, 일상생활에서 얻는 행복감이 일의 집중도를 높임으로써 일과 삶을 모두 풍성하게 만든다는 뜻이다.

직장에서 사생활을 화제로 올리지 않는 리더가 적지 않은데, 요즘 같은 시대에는 현명한 선택이 아니다.

사람과 조직의 존재 양상을 연구하는 리쿠르트매니지먼트솔루션즈는 단언한다. "삶을 즐기면서 사외 활동도 활발하게 하는 리더가 회사와 사회에 긍정적인 영향을 주고, 팀원의 신뢰를 얻는다." 일본에서는 리더가 사외 활동도 열심히 하는 상황을 '보스주 ボス充('보스'와 充[충]의 일본어 발음 '주'를 합친 신조어)'라고 부른다.

같은 회사의 보스주 실태조사(2017)에서도 재미난 결과가 나왔다. 젊은 팀원은 사외에서도 활발히 활동하는 리더에게 매력을 느낀다고 응답했는데, 20대 중에는 약 40퍼센트가 그렇다고 답했다. 아울러 리더가 사외 활동에서 배운 것을 직장에서도 공유하기를 원한다는 팀원은 60퍼센트나 되었다.

가족 이벤트, 취미, 봉사활동, 공부 등 모든 분야에서 뛰어날 필요는 없지만, 일상생활의 일부라도 슬쩍 내비치는 것이 리더로 일할 때 도움이 된다는 뜻이다.

예컨대 나와 각별한 한 리더는 팀원 수백 명을 이끄는 바쁜 회사생활 중에도 1년에 몇 번은 세계 각지를 돌아다닌다. 국외의 가치관을 몸으로 접하면서 늘 감성을 업데이트하기 위해서라고 한다.

분명 당신에게도 취미가 있을 것이다. 그 취미를 이야기해보자. 거창하게 생각할 것도 없이 일단은 일상생활 이야기를 꺼내는 것만으로도 팀원은 당신에게 매력을 느낄 것이다. 다만 바빠서 책 한 권도 못 읽겠다든가 집에 가면 외롭다, 휴일에는 소파에 붙어 지낸다 같은 말은 굳이 꺼내지 말자.

#Point

호기심 가득한 눈으로 일 외의 생활도 즐길 줄 아는 리더가 되자!

일 잘하는 리더는 이것만 한다

09

회사를 위해서라고 말하지 않는다

삼류 리더는 '업무 지시 및 확인'과 '리더 비위 맞추기'에만 열을 올리고, 이류 리더는 '목표 달성'과 '점유율 1위'를 외치며 회사의 행복을 열변한다. 그렇다면 일류 리더는 무엇을 추구할까?

일의 가치를 발견하게 한다

애초에 우리는 왜 아침마다 빽빽한 지하철을 타고 출근해서 열심히 일해야 하는 걸까. 먹고살아야 하니까. 지당한 말이다. 하지만 그게 다라면 싫은데 억지로 하고 있다는 말이나 마찬가지다. 누구나 어떤 일을 하든 그 일에서 보람을 느끼고 싶어 한다. 새로운 관점에서 일의 가치를 발견하게 하는 것은 같이 일하고 싶은 마음이 들게 하는 리더의 핵심 기술인 셈이다.

어느 대기업에서 목격한 일이다. 내가 젊은 사원을 대상으로 연수를 진행했을 때다. 마침 일본에 와 있던 그 회사의 글로벌 간부가 갑작스레 회사를 방문했다. 일부러 강연장에 들르는 간부는 굉장히 드물기에, 수강자들은 물론 나조차도 놀랐다. 그는 사원들에게 꼭 전하고 싶은 한마디가 있다고 했다. 그 간부는 강연장 앞에서 천천히 이해하기 쉬운 영어로 말했다.

"리더의 역할은, 열심히 하라고 강요하는 것이 아닙니다. 무엇을 해야 하는지, 왜 해야 하는지를 고민하고 팀원에게 전해야 합니다. 그리고 일을 시작한 후에는 실속 없이 애쓰지 말고 스마트하게 일해주십시오."

일부러 이 이야기를 하기 위해 찾아온 까닭은 무엇이었을까?

사실 일의 가치를 발견하게 하는 것은 리더의 기본 행동이다. 그런데 많은 리더가 무엇을 해야 하고, 왜 해야 하는지는 이야기하지 않은 채 무조건 열심히만 하라고 채찍질한다. 리더가 이야기해야 할 것은 사내에서 넘버원이 되자든가, 목표를 이루자는 것이 아니다. 사회와 고객을 위해 무엇을 할 것인가에 대해 논해야 한다. 나는 이를 '그들 They(사회의 누군가 혹은 고객)의 관점'이라고 부른다. 이 논의가 있을 때 팀원은 정형화된 업무라도 이 일이 누군가에게 도움이 되기를 바라며 늘 새로운 가치를 갈구하게 된다.

다른 사례를 살펴보자. 이것도 내가 진행한 연수에서 있었던 일이다. 한 HR 플랫폼 회사에서 활약하는 20대 리더가 이런 말을 했다.

"제가 고졸이다 보니 예전에 일을 찾을 때 역시나 불리함을 느꼈습니다. 하지만 실력 있는 사람은 학력과 무관하게 존재합니다. 학력이나 그 어떤 조건으로 인해 기회가 적은 사람들의 등용문을 넓히고 싶습니다. 이를테면 사이버에이전트 같은 인기 기업에서 중졸인 사람이 활약하는, 그런 세상도 멋지지 않을까 상상해봅니다. 이는 우리와 같은 HR 플랫폼을 통하지 않으면 어려운 일입니다. 그런 의미에서 우리는 기회 크리에이터이기도 합니다."

어떤가. 그야말로 '그들의 관점'에서 생생하게 심정을 토로했다. 이렇게 그들의 관점에서 보면 팀원도 보람을 느낄 수 있다. 가치를 찾아주는 리더는 팀원에게 구세주 같은 존재다. 이런 리더를 만나 참 다행이라고 느끼는 순간이다.

그렇다면 어떻게 해야 '그들의 관점'을 장착할 수 있을까? 그 방법을 다음 장에서 제시한다.

#Point

고객 혹은 사회의 누군가에게 도움이 되는 일이기에 한층 더 열심히 할 수 있다.

10

리더가 되었다면 사명부터 찾는다

방치할 수 없는 것, 그것이 사명이다. 뛰어난 리더는 반드시 사명을 마음에 품고 있다. 그런데 사명 같은 게 어디서 뚝딱 튀어나올 리는 없다. 심사숙고할 시간이 필요하다. 그 시간은 번데기가 성충이 되듯 플레이어가 리더가 되는 시점이기도 하다.

모두가 그들을
이야기하게 되는 방법

앞에서 말한 '그들의 관점'을 찾는 데는 두 가지 접근방식이 있다. 리더십 강연에서 소개하는 방법인데, 이 방법으로 못 찾는 사람은 스무 명 중 한 명 정도, 즉 95퍼센트의 확률로 찾아지는 방법이다.

첫 번째는 경험에서 찾아가는 '경험 접근방식'이다.

두 번째는 그들의 3불(불안, 불편, 불만)을 찾거나 생각해내는 '그들의 3불 접근방식'이다.

구체적으로 알아보자.

첫 번째인 경험 접근방식은 앞서 나온 HR 플랫폼 회사 리더의 접근방식과 같다. 본인의 경험을 바탕으로 생각하는 것이다. 이 경험 접근방식도 둘로 나뉜다.

경험 접근방식

① 슬픔 접근방식

과거의 나처럼 억울하거나 슬픈 경험을 한 사람이 있을 것이다. 더는 누구에게도 그런 일이 생겨서는 안 된다. 그러니 지금 눈앞의 업무에 진지하게 임해야 한다.

② 반성 접근방식

어떤 일을 계기로 이 일의 소중함을 깨달았다. 마음을 다해 일해야겠다고 반성했다. 그러니 눈앞의 업무에 진지하게 임해야겠다.

HR 플랫폼 회사 리더의 접근방식은 전자인 '슬픔 접근방식'에 해당한다. 쓰라린 경험을 드러내야 하므로 용기가 필요하지만 팀원의 마음을 사로잡는 데는 효과적이다. 후자인 '반성 접근방식'은 부모, 친구, 지인이 대수롭지 않은 일에도 투철한 사명감으로 진지하게 임하는 모습을 보고 일의 본질을 깨닫는 접근방식이다. 이것도 마음을 울리는 효과가 있다.

만일 이 방법으로도 어렵다면 두 번째 그들의 3불 접근방식으로 시도해보자. 이것은 그들(사회)의 3불(불안, 불편, 불만)을 찾거나 생각해내는 접근방식이다.

그들의 3불 접근방식

① 3불을 찾는 접근방식

거리에 나가거나 취재 등을 통해 3불을 찾는 접근방식. 쓰타야TSUTAYA의 창업자 마스다 무네아키增田宗昭도 이 방법을 취했다. 상식을 파괴하는 비즈니스를 선보이기로 유명해 아이디어도 즉흥적으로 떠올릴 것 같지만, 거리를 거닐면서 '사람은 어떨 때 행복한가'를 곰곰이 생각하는 와중에 사업 아이디어가 떠올랐다고 한다.

② 3불을 생각해내는 접근방식

엔드유저End User(최종 사용자)의 '현실적인 모습'을 떠올리는 접근방식. 은행 ATM 개발 프로그래머의 사례를 들어보자. 그가 떠올린 엔드유저는 한 할머니이다. ATM 조작에 시간이 걸리자 할머니 뒤로 줄이 길게 늘어섰고, 할머니가 미안한 듯 고개를 숙이며 사라진 광경이 그의 머릿속에 떠올랐다. 그는 누구나 마음 편하게 사용할 수 있는 ATM을 만들어야겠다고 결심하였다.

자, 당신은 어떤 접근방식으로 사명을 찾아낼 수 있겠는가. 어느 쪽이든 공통점은 공상이 아니라 '현실적인 경험'이 깔려 있다는 점이다. 당신의 사명을 팀원에게 이야기하면 단조로운 업무라도 보람을 느끼는 데 큰 힘이 될 것이다. 리더에게 반드시 필요한 단계이니 꼭 시도하기를 바란다.

11

팀원의 미래에 관심을 둔다

소득이 아주 높지 않아도 생활하는 데 큰 어려움이 없는 것이 현대 사회다. 적당히 내 할 일만 끝내면 문제없다고 생각하는 젊은 층도 적지 않다. 그들의 열정에 불을 지피려면 어떻게 해야 할까? 그리고 무엇이 필요할까?

팀원의 희망에 불을 지핀다

도쿄대학교 사회과학연구소는 '희망을 품는 데 필요한 요소'를 연구하며 다음과 같은 내용을 발표했다.

"20~30대 젊은이들 사이에서 본인 장래의 일과 삶에 희망이 있다고 대답하는 비율이 낮아지는 추세다", "한편 현재 생활에 만족하는 젊은이의 비율은 높은 수준을 유지하며, 그런 의미에서 젊은이들 사이에서 불행감이 만연하고 있다는 증거는 없다".

실제로 내가 본 연수 수강자 중에서도 희망이 있다고 답변한 비율은 20~30퍼센트로, 확실히 적은 느낌이다. 그런데 실제로는 회사에 따라 그 비율이 완전히 달라진다. 어떤 은행에서는 스무 명 중 한 명도 없었으니, 희망이 없는 직장이래도 과언이 아니었다. 또 어떤 IT 기업에서는 무려 80퍼센트가 희망이 있다고 대답했으니, 그야말로 희망찬 직장이다.

그렇다면 이 차이는 대체 왜 생기는 것일까. 취재를 해보니 한 가지 사실이 눈에 띄었다. 리더가 평소에 팀원을 어떻게 대하는가. 즉 리더가 팀원의 미래에 관심이 있는지가 중요한 지점이었다.

구체적으로는 면담을 통해 '미래의 꿈, 해보고 싶은 일, 되고 싶은 것'에 대한 이야기를 나눌 기회가 있는지로 갈렸다. 그리고 희망에 초점을 맞춰주는 리더와 함께 일하는 팀원은 단순 업무라도 거기에 기꺼이 자신의 미래를 투영해 동기부여 수준을 높게 유지했다. CS Customer Service(고객서비스)를 예로 들어보자. 결코 설레서 두근거릴 업무는 아니다.

그런데 그 직장의 팀원을 취재했더니 이런 대답이 돌아왔다.

"언젠가는 리더가 되고 싶어요. 그때 여기에서 쏟은 노력이 반드시 빛을 발하리라고 믿어요."

"창업이 꿈이에요. 이 정도도 못 하면 경영자가 될 수 없겠죠."

앞서 이야기한 희망학에서도 이렇게 논한다. '희망을 품느냐 아니냐는 경험한 자극으로 결정된다.' 그 자극이 바로 리더와 미래를 논하는 기회인 셈이다.

컨설팅 기업인 링크앤드모티베이션의 동기부여 조사 결과에서 톱클래스를 차지한 거래처 회사가 있다(동기부여 조사 결과에서 무려 상위 약 0.1퍼센트에 들어갔다). 초고수익을 내며 급성장한 기업으로 요즘 취업준비생 사이에서도 인기가 대단한 기업이다. 이 회사에서는 일주일에 한 번은 반드시 면담을 진행한다. 꼭 업무에 관한 내용일 필요는 없고 만나서 이야기하는 것 자체를 중요하게 여기는 면담이다. 이 회사분들과 이야기하면서 놀란 적이 있다. 직원 중에 웹엔지니어가 많아서, 군이 따지자면 전문직 지향일 터였는데, 60~70퍼센트가 "사업 부문의 책임자가 되고 싶다"라고 의견을 표한 것이다. 자세히 물어보니 면담을 통해 여러 방면에서 하고 싶은 일들을 발견했다고 한다. 면담의 주제는 이를테면 "해보고 싶은 것이 있는가?" 같은 것이다. 하고 싶은 일을 찾지 못한 팀원이 있으면 질문을 통해 절묘하게 끌어낸다.

"군이 찾자면 연봉이 오르면 좋겠다 정도요?"라고 말하는 팀원에게는 왜 연봉에 관심이 있는지 편안한 분위기 속에서 깊이 있게 의견을 듣는다. 이때 심문하듯이 왜냐고 따지지 않는다. 그렇게 하면 "연봉은 사실 부수적인 문제고, 세상을 더욱 편리하게 만들 콘텐츠를 개발하고 싶어요"라는 본심을 깨닫기도 한다.

"우리 팀원은 희망이 없다"라고 한탄하는 리더를 종종 본다. 과연 그럴까. 사실은 미래를 논할 면담 기회가 없는 게 아닐까. 물론 희망이라는 게 나오란다고 뚝딱 튀어나오지는 않겠지만, 반복해서 면담을 진행하는 것은 무척 중요하다. 그 과정이 팀원이 미래를 그릴 기회가 되기에. 희망을 품으면 팀원의 눈빛이 달라진다. 분명 10년 후, 누군가는 '그 리더 덕분에 지금의 내가 있다'라고 생각하게 될 것이다.

#Point

희망은 '있는' 것이 아니라 '깨닫는' 것. 미래를 논하는 면담을 루틴으로 만들자!

일 잘하는 리더는 **이것**만 한다

3장

팀원의 최대 몰입을
이끌어낸다

: 리더의 동기부여

소극적인 팀원도 리더의 책임일까

조금만 어려운 과제를 주면 몇 번 시도하지도 않고 금방 포기하는 팀원들이 있다. 이럴 때 리더는 어떻게 해야 할까?

동기부여는 리더의 책임

좀 더 적극적으로 일하면 좋겠는데, 건성건성 일하는 팀원을 보면 자신에게 문제가 있는 건 아닐까 의심이 들 수 있다. 하지만 실상은 그리 단순하지 않다.

그들은 굳이 기를 쓰고 일할 이유가 전혀 없다고 생각하기 때문이다. 리쿠르트매니지먼트솔루션즈Recruit Management Solutions의 '신입·젊은 직원의 의식조사 2016'의 결과에서도 깊게 뿌리내린 속내를 읽어낼 수 있다. '일 중심의 생활'에 대한 답변은 아래와 같다.

- 1위: 일이 내 삶의 중심이 되는 건 싫다.
- 2위: 회사 밖에서의 생활이 중요하니 일은 적당히 하고 싶다.
- 3위: 일은 생계유지 수단일 뿐이다.

물론 개인차는 있겠지만, 이제는 많은 젊은이들이 일에 모든 열정을 쏟는 것을 미덕으로 보지 않는다.

이걸 어떻게 받아들여야 할까. 나는 그들이 틀렸다고 단정 짓지 않는다.

"타인이 날 우러러보지 않아도 상관없다."

천태종을 이끈 사카이 유사이酒井雄哉 대아사리의 말이다. 군이 파죽음이 되도록 무리하지 않아도, 나답게 하루하루를 소중히 여기며 살면 된다는 뜻이다.

젊은이들의 생각도 이와 닮았다고 생각하면 달리 보인다. 실제로 그들과 이야기를 나누어 보면 눈에 띄는 점이 있다. 그들은 결코 일을 내동댕이치고 싶어 하지 않는다. 오히려 하루하루를 알차게 살고 싶어 한다.

일단 전제 자체가 크게 바뀌었음을 인정해야 한다. 요즘은 돈을 버는 방법이나 삶을 즐기는 방식이 매우 다양해졌다. 돈이 없어도 충분히 삶을 즐길 수 있다. 원하는 것이 있으면 중고거래 앱을 통해 싸게 사고, 필요 없어지면 팔면 된다. 여행도 가격비교 사이트를 이용한다. 편도 20만 원 이하로 싱가포르를 갈수 있다. 돈을 벌 수 있는 방법도 다양해졌다. 가상화폐뿐 아니라 FX Foreign Exchange, 외환 거래 등의 금융상품과 주식투자가 있다. 좋아하는 일을 부업으로 즐기면서 돈을 버는 선택지도 있다.

지금 다니는 회사에서 출세하지 않아도 자기 회사를 차리면 그날부터 사장이다. 내 연수에 참여한 수강자만 봐도 "따로 회사를 차렸는데, 지금은 동료에게 맡겨놓은 상태다", "금융상품으로

수천만 원을 굴리고 있다"라는 신입사원이 비일비재하다.

이런 상황에서도 그들의 잠재된 열정을 끄집어내야 한다. 그게 리더의 일이다. 이를 실현할 열쇠는 단 하나. 그들이 일에 몰두하고 싶게끔 개개인의 특성에 맞춰 동기를 유발하는 것이다. 앞서 이야기한 신입사원 조사 결과에 이어지는 내용이 있는데, 주목해야 할 것은 4위다.

- **4위: 몰두할 가치가 있는 일이라면 일이 생활의 중심이어도 상관없다.**

이쪽으로 관리 방향을 잡는다면 충분히 활로를 찾을 수 있다. 그들이 스스로 업무에 몰두하고 싶게 만들자.

02

동기부여의 법칙을 이해한다

등산가는 "히말라야에 오르다니 대단하네요"라는 말을 들어도 큰 감흥을 받기 어렵다. 수험생도 그렇다. "공부도 하고, 대단하네요"라는 말에는 감흥이 없을 것이다. '갖고 싶은 것'이 존재하고, '나라면 손에 넣을 수 있겠다'라는 자신이 있어야 의욕이 생기는 법이다. 동기부여의 노하우에 대해 알아보자.

연봉보다 중요한 것은
성장 가능성이다

동기부여 연구의 일인자인 교토대학교 명예교수 다오 마사오 田尾雅夫는 동기를 유발하고 싶을 때는 유인과 동인을 고려해야 한다고 말한다. '유인'이란 보수나 승진과 같은 외적 보상에 이끌려 형성된 욕구를 가리키며, '동인'이란 외적 보상과 상관없이 스스로 원하여 생긴 내재된 욕구를 가리킨다. 가치관(동인)이 다양해진 요즘은 리더가 팀원 맞춤형 '유인'을 만들어내야 한다. 예전에는 승급이나 승진만으로도 충분했지만, 요새는 그렇지 않다.

그렇지만 간단하게 생각하면 실제로는 유인을 한 가지로 정리할 수 있다. 21년 동안 구인사업에 몸담으면서 늘 인상 깊게 생각한 것이 있다. 결코 급여가 높지 않은데도 우수한 인재가 기꺼이 입사를 희망하는 회사가 존재한다는 사실이다.

꼭 유명 기업만은 아니었다. 벤처나 지역 회사 중에도 있다. 물론 회사 분위기, 문화, 업무 자체의 매력 등 다양한 요소가 있겠지만, 하나로 정리하자면 '성장 가능성'이야말로 공통된 유인이라고 볼 수 있었다.

이와 똑같은 이야기를 하버드경영대학원의 다케우치 히로타카 竹內弘高 교수가 세계경영자회의의 공개토론회에서 꺼낸 적이 있다.

"우수한 젊은이들은 지금 당장의 월급보다 '성장 가능성'을 더 큰 보수라고 생각합니다."

성장 기회는 세계 공통의 보수라고 해도 과언이 아닌 셈이다. 동기를 유발하려면 칭찬 기술이나 화법에 기대기 쉽지만, 무엇보다 팀원의 성장 기회를 먼저 마련해야 한다.

윌-캔-머스트 법칙을 안다

윌-캔-머스트 Will-Can-Must라는 동기부여의 법칙을 아는가. 윌, 캔, 머스트의 3요소가 교차할 때, 동기부여가 최고조에 이른다는 법칙이다. 다음 그림을 보자.

'윌will'은 앞으로 어떻게 되고 싶은지, 어떤 모습이었으면 좋겠는지와 같은 욕구(동인)를 이른다. '캔Can'은 본인의 능력으로라면 할 수 있다는 확신, 강점을 발휘할 수 있으리라는 기대를

동기를 향상시키는 윌-캔-머스트의 법칙

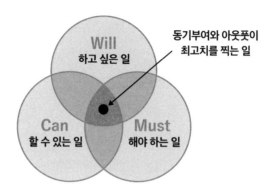

Will
하고 싶은 일

동기부여와 아웃풋이
최고치를 찍는 일

Can
할 수 있는 일

Must
해야 하는 일

얘기한다. '머스트 Must'란 본인이 맡은 일(업무)을 가리킨다.

이를테면 맨땅에 헤딩 식으로 영업을 진행한다고 치자. 제법 끈기가 필요한 일이다. 목표가 한 달에 신규 계약 다섯 건이라면, '윌'은 앞으로 내 이름을 건 사업을 내는 것이라고 하자. 그리고 열심히 하면 이루어질 것이라는 믿음이 '캔'이 된다. 이 요소들을 겹치면 다음과 같은 생각으로 이어진다. '한 달에 다섯 건을 새로 따내는 일이, 나의 꿈인 창업에 도움이 될 것이다. 열심히 하면 한 달에 다섯 건 정도는 할 수 있다.'

이렇게 동기를 부여하면 의욕이 저절로 샘솟는다.

실제로 직원들의 의욕이 높기로 정평이 난 회사들의 경영자도 동기부여를 강조한다.

취업정보업체 리쿠르트홀딩스Recruit Holdings의 대표 미네기시 마스미峰岸真澄는 다음과 같이 말했다.

"직원의 의욕을 끌어내는 핵심 도구는 윌-캔-머스트 시트입니다. (…) 6개월에 한 번 '무엇을 하고 싶다', '할 수 있다', '해야 한다' 세 가지를 면담 과정에서 확인하죠."

소프트웨어개발회사 사이보즈Cybozu의 대표 아오노 요시히사青野慶久도 "사내에서 동기부여와 관련해 정보를 수집하고 논의하기를 반복했습니다. 가장 타당하다고 느낀 것이 '하고 싶은 일'과 '할 수 있는 일', '해야 하는 일', 이 세 가지 조건이 갖춰졌을 때 동기가 향상된다는 이론이었습니다. 영어로는 윌-캔-머스트죠"라고 말하며 이 핵심 도구를 강조했다.

이 이론에 의심의 여지는 없어 보인다.

마지막으로 이 이론의 유래도 짚고 넘어가자. 여러 가지 설 중 하나는, 심리학자인 에드거 샤인Edgar Schein이 "본인 커리어의 근거를 찾을 때, 몇 가지 질문을 바탕으로 자신을 돌아보는 것이 중요하다"라고 했던 다음 세 가지 질문에 기원을 둔다.

- 나는 무엇을 하고 싶은가(=Will)
- 나는 과연 무엇을 잘하는가(=Can)
- 무엇을 하는 내 모습에 의미나 가치를 느끼는가(=Must)

일 잘하는 리더는 이것만 한다

즉 학문적으로도 근거가 있는 이론이다. 이렇게 탄탄한데 시도
해서 손해 볼 것 없지 않을까.

#Point

**팀원의 동기를 유발하고 싶다면 윌−캔−머스트 방정
식을 알아두자.**

03

팀원이 하고 싶어 하는 일을 알아낸다

팀원에게 하고 싶은 일이 있느냐고 묻는 것은 무모한 시도다. 십중팔구 "잘 모르겠다"라는 답이 돌아올 것이다. 평범한 일상에서는 뭘 하고 싶은지를 깊게 고민하지 않기 마련이다. 하지만 하고 싶은 일이 있는 것만은 분명하다. 깨달을 계기를 만드는 것이 리더의 역할이다.

가까운 미래부터 묻는다

'윌-캔-머스트'를 진행할 때는 일단 팀원의 '윌will'을 묻는 것부터 시작한다. 문제는 "하고 싶은 일이 특별히 없다"라는 대답이 돌아올 때다. 내 경험으로는 "하고 싶은 일이 있다"라고 대답하는 사람은 끽해야 10퍼센트 내외다. 그렇다고 팀원에게 '윌'이 없는 것은 아닐 터다. 정리가 되지 않았을 뿐이다. 때로는 팀원이 질문을 착각하기도 한다. 야망을 묻는 건가? 하는 식으로 심각하게 생각해서일 수도 있다. 질문을 정확히 정리한 뒤, '윌'을 세 가지 단계로 나눠 묻기를 바란다.

첫 번째는 '가까운 미래의 윌'이다. 지금 하고 있는 일의 범위에서 해보고 싶은 것을 묻는다. 이를테면 '빨리 주임이 되고 싶다', '후배를 가르쳐보고 싶다', '상을 받아보고 싶다' 등등이다. '일찍 퇴근하고 싶다' 같은 것도 괜찮다.

두 번째는 '다가올 미래의 윌'이다. 앞으로 해보고 싶은 일, 이상적인 미래상을 확인하는 영역이다. 예컨대 '언젠가 나만의 장사를 해보고 싶다', '워라밸을 중시하면서 가족과 시간을 보내고 싶다'와 같은 이상적인 모습에 대해 듣는다.

그런데 사실 이 두 가지 '윌'을 나눠 물어도 제대로 된 답이 나오지 않는 경우가 허다하다. 그럴 때는 세 번째 윌. 일에서 중요하게 여기는 가치관을 확인한다. 일단 "일에서 중요하게 여기는 가치관을 물어도 될까요?"라고 묻고, 다섯 가지 정도를 말해보라고 한다. 그리고 그중에서 1위를 고르게 한 뒤 그 까닭을 묻는다. 배경에서 '윌'을 찾아내는 방법이다. 실례를 소개한다. 1위로 '효율적인 시간관리'를 꼽은 사람이 있었다. 그 배경을 더듬어가자, "어릴 때 부모님과 함께한 시간이 적어서, 가족과의 시간을 소중히 여기고 싶다"라는 따뜻한 '윌'이 나오기도 했다.

'윌'을 묻는 순서를 다시 한번 정리해보면 다음과 같다. 우선

윌을 세 가지로 나눠 물으면
팀원이 대답하기 쉽다

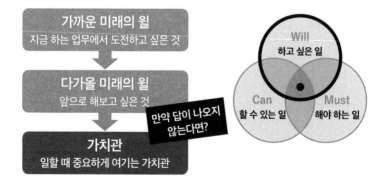

가까운 미래와 다가올 미래의 '윌'을 묻는다. 그래도 답이 나오지 않는다면 가치관을 물어보자. 그렇게 하면 분명 '윌'을 찾아낼 수 있다.

중요한 것은 숨은 배경

'윌'을 묻고 나서 반드시 해야 할 일은 배경을 속속들이 묻는 것이다. 왜 그렇게 생각했는지, 에피소드 같은 것들을 접하면 '윌'을 한층 정확하게 파악할 수 있다. 구체적인 배경을 알기 위해 '왜'를 반복하면서 질문을 던진다. 예를 들어 중요한 가치를 물으면 "연봉이 중요"하다고 대답하는 팀원이 적지 않다.

하지만 그 배경은 제각각이다. 어떤 사람은 이렇게도 답했다.

다양한 경험을 해보고 싶어서

➡ (왜) ➡ 100만 원짜리 호텔과 10만 원짜리 호텔을 고를 자유가 있으면 좋겠다.

➡ (왜) ➡ 고향 사람들은 산으로 둘러싸인 마을에서 일생을 마친다.

도시로는 나오지 않는 사람이 많다. 세계가 좁다. 인생에는 다양한 선택지가 있음을 내 경험을 바탕으로 고향 사람들에게 알리고 싶다.

언뜻 보면 무미건조해 보이는 연봉이라는 '월'이지만, 그 배경을 자세히 들여다보면 따뜻한 마음, 조금은 억울했던 기억 등 다양한 맥락의 '월'이 숨어 있다. '지금 하는 업무(Must)'가 이러한 '월'에 다가가고 있는지를 생각해보게 하자. 10퍼센트든 30퍼센트든 연결된 부분이 있다면 충분하다. 지금 하는 일이 미래를 만드는 노력으로 바뀔 것이다.

#Point

두 가지의 '월'이 모두 없다는 팀원에게는
세 번째 '월'을 알아내기 위해 '가치관'을 물어보자.

04

팀원의 강점을 개발한다

할 수 있겠다는 자신감이 없으면, 기껏 맡긴 도전도 팀원에게는 그저 부담으로 다가갈 뿐이다. 불안을 제거하기 위해 부족한 역량을 채우고, 강점을 살릴 방법을 함께 고민하는 것이 리더의 임무다.

팀원의 능력 개발을 위해 강점을 활용한다

앞서 젊은 층은 월급보다도 성장 가능성을 강력한 보상으로 여긴다고 말했다. 이 '윌-캔-머스트'로 개개인 맞춤형 능력 개발 목표를 설정하고 어떤 '캔Can'을 키울지를 결정한다. 그러고 나면 어떤 일에서든 본인이 성장하는 방향으로 나아갈 수 있다.

영업직을 예로 들어보자. "지금까지 상대해온 것보다 규모가 큰 고객사를 3개월 후에 담당한다"라는 목표를 정했다면 필요한 능력도 달라질 것이다. 그러니 어떤 능력을 키울지 팀원과 논의해야 한다.

이를테면 여러 부서를 조율하는 조정 능력이나 서비스에 커스터마이징을 추가하는 등의 기획 · 제안 능력이 요구될 수 있다. 이렇게 이 3개월 안에 늘리기로 계획한 조정, 기획 · 제안 능력이라는 대상을 '능력 개발 목표'라고 부른다.

목표 설정은 곧 능력 개발의 기회로 작용하게 된다. 이때 업무(Must)에 변화를 주는 것도 열쇠가 될 수 있다. 사람은 생각보다 금방 질려 한다는 사실을 염두에 두자. 성장 욕구가 강한 사람일수록 변화의 부재 앞에서는 매너리즘에 빠진다.

어떤 일에서든 팀원이
성장하고 있다고 느낀다

○ 어떤 능력을 터득해나갈 것인가?

○ 또 강점을 발휘할 방법은 없는가?

강점을 활용하는 방법도 있다. 팀원도 쉽게 수긍하고 만족도
도 한층 높은 방법이다. 그런데 애초에 강점이란 무엇일까. 무엇
이든 정의가 중요하다. 다양한 정의가 있겠지만 조직개발에 직
원의 '강점'을 활용하는 영국의 컨설턴트 알렉스 린리P. Alex Linley
가 창설한 응용긍정심리학센터CAPP의 정의가 잘 들어맞는다.

● 다른 사람보다 잘할 수 있고, 하면서 즐거움을 느끼는 영역

즉 잘하는 동시에 즐거워야 한다. 팀원에게도 이 정의를 알려
준 뒤 두 가지 강점을 확인하면 좋겠다.

하나는 이미 발휘하고 있는 강점, 또 하나는 아직 발휘하지 못

한 강점이다.

　이미 발휘하고 있는 강점이란 말 그대로 팀원이 현재 맡은 업무에서 활용하고 있는 강점이다. 이런 강점은 팀원에게 직접 물어볼 수도 있고, 리더이기에 알 수 있기도 할 것이다. 강점을 찾았다면 주변에 퍼뜨리는 차원에서 공유하고 알리는 기회를 만든다.

　한편 아직 발휘하지 못한 강점이란 회사 밖에서만 써먹거나 과거에 발휘했던 강점을 말한다. 이러한 강점이 있다면 업무에 활용할 방법을 적극 강구해본다. 예를 들어 학창 시절에는 대장격이었는데 지금은 리더십을 발휘하지 못하고 있다면, 후배들을 교육할 만한 자리를 마련하는 아이디어 등을 떠올려보는 것이다. 그렇게 하면 팀원이 자신의 강점을 살리면서 성장한다는 생각에 뿌듯해하게 된다. 성장이 곧 보수가 된 지금, 성장을 실감할 기회를 계속해서 마련해주자.

#Point

개발할 역량을 설계하도록 돕고, '강점'을 살릴
방법을 함께 모색하자.

05

올바른 목표 설정이 성장에 불을 지핀다

목표란 벽에 박아놓은 못과 같다. 상상해보자. 그 아래에 고무줄이 달린 인형이 있다. 이 인형은 바닥에 테이프로 고정되어 있다. 인형에 달린 고무줄을 죽 당겨 못에 건다. 바닥에 붙은 테이프를 떼어내면 인형은 못을 향해 휭 날아간다. 못을 어디에 박느냐에 따라 날아가는 모습이 달라질 것이다. 목표도 어디에 설정하느냐에 따라 도달점이 달라진다.

누구나 달성할 수 있는
목표로는 성장할 수 없다

팀원들이 '개별적으로' 목표를 좇고 있는 직장을 상상해보자. 리더가 회의 시간에 "전원 달성을 목표로 열심히 하자!"라고 침을 튀기며 말하는 것까지는 문제없지만, 정말로 모든 인원이 달성 가능한 목표란 게 있다면, 실은 아무 소용이 없는 목표 설정임을 알아야 한다. 모든 사람이 달성 가능하다는 것은 너무 쉬운 것을 목표로 설정했다는 의미다. 손을 쭉 뻗어야 겨우 닿을 정도로 개운한 스트레칭을 할 때만이, 사람과 사업의 성장에 불이 붙는다.

즉 팀원의 70퍼센트가 목표를 달성할 수 있는 수준이 최적의 상태다. 이 비율이 아주 중요한데, 미달성자를 소수파로 두지 않으면 달성하지 못해도 문제없다는 분위기가 만연하게 된다. 팀원들 앞에서 목표 달성자를 칭찬하는 자리까지 마련하면 금상첨화다. 목표를 달성하고자 하는 팀원의 마음가짐이 강화된다.

예를 들어 목표 달성자에게 표창장을 주는 직장이라면 그 광경을 본 미달성자는 아쉬운 마음을 뒤로한 채 '다음에는 꼭 이루겠다!'라고 다짐하는 계기가 될 것이다. 살짝 높게 잡은 목표 설정이 성장의 동력이 된다.

목표 설정은 스마트 법칙으로

한편 결과를 확인하기 어려운 목표 설정은 성장에 도움이 되지 않는다. 이를테면 목표가 없는 베테랑 사무직원을 떠올려보자. 업무는 빠삭하지만 지난 수년간 성장과는 거리가 먼 모습이었을 것이 상상되지 않는가? 성장은커녕 리더가 업무 진행방식을 바꾸려고 하면, 흡사 칼을 빼앗긴 무사와 같은 얼굴로 익숙해진 업무를 빼앗겼다며 반발할 것만 같다. 이는 본인에게도 득 될 것이 없다. 이런 일을 예방할 방법은 단 하나, 명확한 목표 설정뿐이다.

이때 '스마트 SMART 법칙'이 기준이 될 수 있다. 1981년에 조지 도란George T. Doran이 발표한 이론으로, 효과적인 목표란 다음 다섯 가지 인자로 구성된다는 법칙이다.

스마트SMART 법칙

① Specific(명확할 것): 달성, 미달성 여부가 명확한가?

② Measurable(숫자로 측정 가능할 것): 달성률이나 진척도를 측정할 수 있는가?

③ Assignable(역할과 권한이 명시될 것): 역할이 명확하고, 업무방식을 결정할 수 있도록 권한을 위임하였는가?

④ Realistic(실현 가능할 것): 현실적인 목표를 설정하였는가?

⑤ Time-related(마감을 정해둘 것): 목표 달성에 있어 기한을 설정하였는가?

특히 중요한 것은 달성, 미달성 여부가 명확하고, 달성률은 측정 가능해야 한다는 사실이다. 앞에서 이야기한 사무직원도 수치로 목표를 설정해야 한다. 업무의 평준화를 원한다면 조기 납품 목표를 설정하는 것도 하나의 작전이다. 지금까지의 방식으로는 맞설 수 없다고 판단하면 무사가 칼을 버리고 다른 무기를 찾는 것처럼, 본인에게 기반이 된 익숙해진 방법을 버려서라도 새로운 방법을 시도할 수밖에 없다.

그리고 또 다른 방법을 하나 추가해보자. 몇 주 단위로 작은 목표를 설정하는 것인데, 이로써 달성률을 높일 수 있다. 정기적으로 되짚어볼 기회가 생기기 때문이다. 이것을 '스몰 스텝Small Step'이라고 한다.

제대로 진행되는 것과 그러지 못하는 것을 검증하고 그때마다 개선책을 고심해야 한다. 올바른 목표 설정은 팀원의 비연속적인 성장을 촉진하는 힘이 있다.

올바른 목표 설정으로
팀원의 성장에 불을 지핀다

Will
하고 싶은 일

Can
할 수 있는 일

Must
해야 하는 일

○ 정량으로 '달성, 미달성'을 알 수 있다

○ 스몰 스텝, 즉각적인 피드백

해냈다!

개선해보자

성공 경험

좌절하지 않는다

이 정도면
할 수 있겠다

#Point

성장을 촉진하고 싶다면 '쉬운 목표'가 아니라 '올바른
목표'를 설정하자.

06

팀원에게 결정을 맡긴다

똑같은 업무라도 시켜서 하는 일이라고 느끼는 사람과 하고 싶어서 하는 일이라고 느끼는 사람이 있다. 이 차이는 능력이 아니라 '스스로 결정했는가'에 따라 판가름 난다. 리더가 챙겨준답시고 일일이 간섭하면 팀원 입장에서는 일할 맛이 나지 않는다.

주체성을 끌어내는 열쇠! 자기결정감

팀원이 질문을 하면 그 자리에서 답해주고 싶은가? 그렇지만 당신이 먼저 답을 말하는 것은 좋은 생각이 아니다. 주체성 촉진에는 스스로 결정했다는 느낌이 매우 중요하기 때문이다. 이 느낌을 '자기결정감'이라고 한다. 내적 동기부여 연구의 일인자인 미국의 심리학자 에드워드 데시Edward Deci와 리처드 라이언Richard Ryan이 발표한 자기결정성 이론의 요지다.

140쪽의 그림을 보자. 자기결정감에도 단계가 있는데, 스스로 결정했다고 느낄수록 의욕은 커진다. 즉 일거수일투족을 지시하고 감독하는 리더보다 스스로 생각할 시간을 주는 리더가 팀원의 주체성을 키운다는 사실이 학문적으로도 증명된 셈이다.

이 자기결정감의 유무는 '실패' 시 큰 차이를 보인다. 일이 틀어졌을 때 스스로 결정한 사안이었다면 왜 계획한 대로 되지 않았는지 되돌아보고, 어떻게 해야 할지 개선 방향을 고민하게 되는데, 내가 결정한 사안이 아니었다고 느끼면 '일이 어려웠다', '재미가 없었다'와 같은 부정적인 감정만 남게 된다.

팀원이 스스로 결정했다고 느끼도록
생각할 시간을 준다

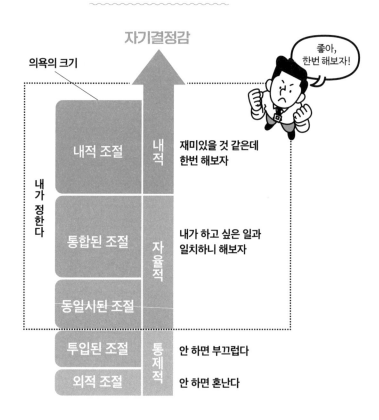

유리 멘탈도
자기결정감으로 극복한다

유리 멘탈인 팀원에게도 자기결정감이 유효하다. 일례를 살펴보자. 일본의 전 탁구 대표 선수인 히라노 사야카 平野早矢香가 한 소년에게 탁구를 가르치는 모습이 텔레비전 방송에 나왔다. 그 소년은 연습 때는 곧잘 하는데 실전에 약해, 잇따라 예선 탈락의 고배를 마신 터였다. 소년은 풀죽은 목소리로 말했다.

"본 경기에 들어가면 너무너무 떨려요. 멘탈이 약한가 봐요…."

히라노 사야카 선수는 부정적인 말은 삼가고 연습 중에도 "괜찮아", "나이스", "나아졌어!" 하면서 격려했다. 그러자 소년의 얼굴에도 자신감 깃든 미소가 피어오르기 시작했다. 그렇게 드디어 본 경기 날. 시합 직전에 히라노 사야카 선수는 소년에게 이런 말을 해주었다.

"결과는 상관없어. 연습은 충분히 했으니까. 그 대신 하나만 약속해줄래? 지금까지 연습한 걸 제대로 해내는 거야."

이러쿵저러쿵 구체적인 조언은 하지 않았다. 그저 약속만 하나 했을 뿐이었다. 소년은 조용히 끄덕이고는 머리를 굴렸다.

'그래, 맞아. 그때는… 지금은… 그래, 이렇게 하면 될까….'

결과는 선전했지만 탈락이었다. 하지만 소년은 인터뷰에서 대답했다.

"저도 후회는 남아요. 예선에서 못 한 걸 다음에는 꼭 해낼 거예요."

실패가 사람을 더 강하게 만드는 기회가 된 좋은 사례다. 이렇게 스스로 결정을 내리면 자아 성찰로 이어져, 그 일에 대한 자기 나름의 의미를 찾게 된다.

#Point

넘어지지 않게 과보호하기보다 넘어져도 거기서
무언가를 배우는 능력을 터득시키자!

07

신입사원의 불안을 티칭으로 잠재운다

지식이 부족한 신입사원에게 "어떻게 할 거야?"라는 질문은 압박으로 다가올 뿐이다. 처음 해보는 스포츠, 이를테면 컬링 경기장에서 "어떻게 할 거야?"라고 물으면 우리도 멀뚱멀뚱해진다. 마찬가지다. 사고의 기반을 다져주지 않으면 팀원은 아무런 대답도 할 수 없다.

티칭의 3단계를 따른다

아무리 주체성을 강조한들 지식이 부족한 신입사원에게 어떻게 하고 싶냐는 질문은 가혹하다. 스스로 판단할 만한 상황이 아니기 때문이다. 생각 서랍(지식)을 늘리는 단계에서는 일단 자세히 가르치는 것이 기본이라 볼 수 있겠다. 아직 티칭 단계에 있다고 생각해야 할 것이다. 티칭은 3단계로 진행한다.

① '5W1H'로 상세하게 알려준다(이 정도는 알겠지 하고 넘겨짚지 말 것).

② 헷갈리거나 불안한 점이 없는지 확인한다(내 할 말만 다 했다고 끝내지 말 것).

③ 마지막으로 '복창'해줄 것을 부탁한다(착각한 것은 없는지 확인할 것).

예를 들어 이제 막 영업 일을 시작한 신입사원이 있다고 하자.
"이 목록에 있는 연락처로 하루 50건 전화 돌려줘요. 모르는 게 있으면 얘기하고요."

이 지시만 들으면 뭘 물어야 할지도 몰라 불안해질 뿐이다. 일단 첫 번째 단계는 5W1H로 상세하게 일러줘야 한다.

WHY	왜 전화를 50건이나 돌려야 하는가 (확실히 목표를 달성하기 위해서).
WHAT	구체적으로 어떤 이야기를 해야 하는가 (준비된 스크립트대로 이야기하자).
WHO	누구에게 전화할 것인가 (접수처가 아니라 구매담당자에게).
WHERE	어디서 전화할 것인가 (사무실 전화가 아니라 휴대전화도 상관없다).
WHEN	언제 전화할 것인가 (하루에 두 시간은 걸리므로 일정을 미리 빼놓는다).
HOW	만약 고객이 이렇게 말한다면 어떻게 할 것인가 (대처 패턴을 준비한다).

이런 것들을 미리 이야기한다. 언뜻 보면 당연한 말 같지만, 신입사원은 모르는 게 더 많다. 특히 '왜'에 대한 설명은 일에 대한 이해를 높이므로 간과할 수 없다.

이제 두 번째 단계. 헷갈리거나 불안한 점이 없는지 확인할 것.

만약 없다면 세 번째 단계. 팀원에게 복창해 달라고 하자. 프로 야구 주니치 드래건스의 감독이었던 오치아이 히로미쓰落合博満도 이야기했다.

"복창은 중요하다. 듣고 있는 것 같아도, 정작 듣고 있지 않으니까."

이 세 단계로 생각의 차이를 좁혀보자.

마이크로 매니지먼트가 되지 않도록 주의한다

다만 정도가 지나치면 팀원도 갑갑하게 느낄 수 있으므로 주의해야 한다. 너무 세세하게 관리하는 것을 마이크로 매니지먼트라고 앞서 이야기했다.

그렇게 되지 않도록 다음 사항을 마음에 새겨두자.

첫 번째는 자세히 설명하는 것은 '지금뿐'이라고 말하기. 가능하면 '첫 두 달만'처럼 시기를 정해두면, 적당한 긴장감이 생길 것이다.

일 잘하는 리더는 이것만 한다

두 번째는 일찌감치 혼자 판단하게끔 유도하기. 다소 어려워 보여도 초기에 코칭(후술)으로 전환한다.

이렇게 했는데 아직 이른 듯싶으면 그때 티칭으로 돌아가면 된다. 개인차가 있으므로 다른 사람과 비교하지 말고, 그 팀원에게 오롯이 맞춰나가는 것이 바람직하다.

여기서 마이크로 매니지먼트에 관해 조금 더 알아두자. 구글의 인사 책임자인 라즐로 복Laszlo Bock이 집필해서 화제가 된 《구글의 아침은 자유가 시작된다》에서는 마이크로 매니지먼트에 대해 다음과 같이 서술한다.

> 마이크로 매니지먼트는 '팀원을 신뢰하지 않는 마음'에서 비롯되는데, 팀원이 확실히 마무리 짓겠다고 말해도 리더가 믿지 않기 때문이다.

다음 체크리스트로 본인이 마이크로 매니지먼트에 해당하는지 확인해보자. 만약 네 개 이상 체크했다면 유의할 필요가 있다.

☑ 마이크로 매니지먼트 진단

☐ 팀원의 모든 업무를 파악하고 싶다. 어디서 무얼 하는지까지.

☐ 팀원이 실수하지 않게 온갖 리스크를 제거해두고 싶다.

☐ 실은 팀원을 신뢰하지 않는다. 팀원에게 일을 맡기기 어렵다.

☐ 하나부터 열까지 내 뜻대로 진행되면 좋겠다.

☐ 팀원의 결과물이 만족스럽지 않다.

☐ 나 같으면 이렇게 할 텐데 팀원이 답답하다.

☐ 사소한 일이라도 팀원이 보고하지 않으면 용납할 수 없다(내가 모르는 일이 없어야 한다).

어떤가. 불신으로 가득 차 있지는 않은가. 팀원도 바보는 아니니 당연히 기분이 좋지 않을 것이다. 티칭은 마이크로 매니지먼트와는 다르다. 추후의 행동을 구속하지 않는다. 진행상황을 확인한 뒤에 칭찬하거나 깨달음을 줘 팀원의 자주적인 행동을 촉진한다. 지시를 상세히 하는 까닭은 어디까지나 팀원 본인의 불안을 해소하기 위해서이지 리더의 불안을 해소하기 위해서가 아니다.

#Point

티칭의 3단계를 따름으로써 신입사원의 불안을 예방하자.

일 잘하는 리더는 이것만 한다

08

중견 팀원은 코칭으로
생각하는 힘을 키워 낸다

중견 팀원에게 다른 아이디어는 없는
지 계속 질문을 던지는 행위는 무척 중
요하다. 일이 바쁘다 보면 깊이 생각할
기회가 적어지기 쉽다. 하지만 깊이 파
고들어야 팀원도 예상치 못한 해결책에
다다를 수 있다. 그리고 그 경험이 팀원
을 성장시킨다.

깨달음을 주어
답을 끌어내는 그로우 모델

티칭 단계가 끝나면 다음은 코칭이 이어져야 한다. 코칭은 스스로 최선의 답을 찾을 수 있도록 질문을 통해 깨달음을 유도하는 지도법이다. 알아 두면 도움이 될 만한 코칭법을 하나 소개한다. 바로 '그로우 모델GROW Model'이다.

이는 깨달음을 주어 답을 끌어내는 코칭 기법이다. 언뜻 들으면 어려워 보이지만, 순서대로 진행하면 다양한 상황에서 팀원에게 도움을 줄 수 있다. 실전으로 자동차 딜러 영업을 예로 들어보겠다.

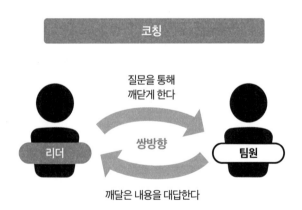

일 잘하는 리더는 이것만 한다

그로우 모델을 적용한 대화 예시 (자동차 딜러 영업 상황)

● **G: Goal** | 목적을 명확히 밝힌다

목적을 달성하기 위해 함께 고민해볼까요?

네, 잘 부탁드립니다.

● **R: Reality** | 현재 상황을 파악한다

진행 상황을 알려주시겠어요?

모든 고객을 방문하고 있지만, 수요가 없습니다.

● **R: Resource** | 어떻게 해야 해결될지 생각한다

어떻게 해야 해결될까요?

답은 신규 개척뿐이라고 생각합니다.

* 여기서 "다른 방법은 없나요?", "왜 그렇게 생각하죠?" 같은 질문을
더하면서 생각할 기회를 준다.

● **O: Options** | 몇 가지(3~5개) 대책을 낸다

몇 가지 대책을 내볼까요?

지난번에 이야기한 "법인 고객 개척" 같은 것 말씀이신가요?

* 여기서도 "다른 대안으로는 어떤 게 있을까요?"라고 계속 질문을
던져 생각할 기회를 만든다.

다른 거라면… 맞아요, 운전면허학원도 있어요. 운전면허학원 대상으로
하이브리드, SUV 등 다양한 차종을 갖춤으로써 경쟁우위를 접할 수 있을 거예요.

● **W: Will** | 본인의 의지로 한다

진행해보고 싶은 대책은 있나요?

운전면허학원 쪽으로 한번 해보고 싶습니다.

그럼 스케줄을 구체적으로 짜봅시다.

* 이렇게 마지막에는 '이 방법으로 해보고 싶다'라는 팀원의
의지를 끌어낸다.

코칭에서 주의할 점

코칭을 실시할 때 주의할 점이 있다.

"예를 들면 말이죠" 하면서 은근슬쩍 유도하면 팀원은 그 방향으로 휩쓸리기 마련이다. 그렇게 되면 자기결정감이 손상되어 진정한 의지(Will)까지 이어지기 힘들다.

리더는 입이 근질근질해도 잠자코 기다려야 한다. 기다리다 보면 리더가 생각지도 못한 묘안이 나오는 경우도 적지 않다. 앞 대화 예시의 운전면허학원에 대한 접근도 그렇다. 분명 리더는 예상치 못한 아이디어였을 것이다. 이것이 코칭의 묘미다.

물론 불안한 마음이 들 수도 있다.

'시간이 오래 걸리면 어떡하지?'

하지만 그 반대다. 오히려 단시간에 결론이 난다. 보통 15분 정도 걸렸다면 이 방식은 10분 정도면 끝날 것이다. 대화에 군더더기가 없어지기 때문이다.

부디 그로우 모델을 이용해 함께 일하는 팀원에게 생각할 기회를 주어라. 그것만으로도 팀원의 의욕이 한껏 높아질 것이다.

09

베테랑 팀원의
최대출력을 끌어낸다

팀원이 나이가 많다고 조심스럽게 대하면, 팀원은 최대출력을 내지 못하고 순항속도로 달리게 된다. 최대출력을 끌어내고, 때로는 최대출력치를 경신하게 하는 것 또한 리더의 임무일 것이다. 리더는 그 누구보다도 베테랑 팀원이 지금보다 더 잘할 수 있다고 믿어야 한다.

베테랑 팀원에게는 높은 수준의 일을 맡긴다

나이 많은 베테랑 팀원 관리에 대한 상담을 요청하는 경우가 상당히 많다. 나이 많은 팀원을 둔 리더의 비율은 절반가량이다. 이제는 일상적인 풍경이지만 아직은 다들 조심스러운 모양이다. 나이 많은 베테랑 팀원은 기술도 더 숙련되어 있고 대처 능력도 뛰어나다. '어디서 손을 떼야 하는지'도 안다. 이 정도만 해두면 되겠다 싶은 지점을 정확히 찾아내는 것이다.

리더는 그들이 멈추지 않고 '최대출력'을 내게끔 독려하는 역할을 맡는다. 이때 리더는 티칭이나 코칭이 아니라 '위임'이라는 수단을 이용한다. 우선 명확하게 지시한 뒤, 다음 그림에 나와 있듯 팀원으로부터 '어떻게 하고 싶은지' 듣는다. 구체적으로는 다음 네 가지를 시행한다.

① 높은 수준에서 명확하게 지시한다(기대하는 수준의 눈높이를 맞춘다).

② 방법은 팀원에게 맡긴다(역량이 부족한 팀원의 경우는 코칭을 한다).

③ 정기적으로 보고할 기회를 만든다(맡겨놓고 나 몰라라 하면 안 된다).

④ 필요하다면 지원한다.

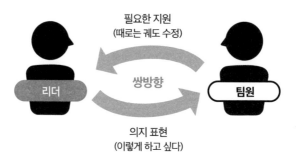

베테랑의 최대출력을 끌어내기 위해서는 첫 단계인 '높은 수준'에서 지시하기가 굉장히 중요하다. 구체적으로는 다음과 같은 방법을 추천한다.

- 한층 높은 수준을 요구한다(제안 수준에서 컨설팅 수준으로, 일반적인 수준에서 개발 수준으로).
- 서비스 개선 역할을 맡긴다(고객 니즈를 파악하고 개선 방안 제안).
- 조직력을 향상하는 역할을 맡긴다(노하우의 체계화, 스터디).

나는 관리자일 때 베테랑 팀원에게 '새로운 영업 수단을 개발할 것'과 '고객의 불편·불만을 파악하고 서비스를 개선할 것'을 요구했다. 그때 팀원이 개발한 서비스는 10년이 지난 지금까지도 사업에 공헌하고 있다.

역량을 끌어내는 것이 리더의 일이라고 생각하자. 즉 나이 많은 팀원의 기분을 살피는 수준을 넘어서야 한다.

정기 보고 기회를 마련한다

알아서 잘하겠지 싶어 크게 관여하지 않는 리더도 있지만, 이는 아주 위험한 생각이다. "리더의 관심 밖에 났다"라는 불평을 들어도 할 말이 없다. 베테랑 팀원이라도 일을 맡긴 뒤에는 반드시 '정기적인 보고 기회'를 마련해야 한다. 그런 기회가 없으면 방임이라고 생각한다. 사실 정기적으로 정보를 공유하면 베테랑 팀원도 다행으로 여긴다. 직원들은 내가 무엇을 하고 있는지 리더가 알기를 바라는 법이다. 만에 하나 일이 잘 풀리지 않았을 때 리더가 몰랐다고 하는 것만큼 괴로운 일도 없기 때문이다.

만일 그래도 편치 않다면, 정기 보고의 목적을 '지원해줄 부분을 찾는 것'이라고 생각하고 임하면 어떨까.

그러려면 리더가 베테랑 팀원에게 무얼 해줄 수 있는지를 늘

고민해야 한다. 본인에게 그런 기술이 부족하다면 전문가의 의견을 듣거나 전임자에게 힌트를 얻는 방법도 있다. 정보를 제공하는 것만으로도 베테랑 팀원은 기뻐할 테고 그런 자세로 다가가면 베테랑 팀원도 믿고 따라와줄 것이다.

#Point

베테랑 팀원이라고 해서 방치하지 말 것.
그들에게도 높은 기대를 걸고, 그들이 달성한 바를 정기적으로 공유할 기회를 마련하자.

10

소극적인 팀원에게는 응원단을 붙인다

소극적으로 일하는 팀원은 어디든 꼭 있다. 그들에게도 그들 나름의 이유가 있다. 굳이 적극적으로 나서야 할 동기가 없는 탓이다. 성장이고 승급이고 필요 없고, 눈에 띄지만 않으면 된다고 생각하는 사람마저 있다. 그들을 바꾸는 방법은 단 하나. '기대'를 거는 것이다.

소극적인 팀원도 변할 수 있다

저렇게 수동적인 자세로 어떻게 살아왔나 싶은 팀원은 없는가. 사람은 그리 쉽게 바뀌지 않는 법이지만, 외부의 자극으로 바뀔 가능성은 늘 존재한다. 이럴 때 '응원단 작전'은 어떨까.

몇 가지 성공 사례가 있다. 한 회사의 중견 영업사원인 F 씨의 이야기다. 나이는 31세. 과장은 계속해서 목표치에 미달하는 F 씨 때문에 골머리를 앓았다. 그래서 팀원 몇 명에게 응원단이 되어달라고 협조 요청을 날렸다. 응원단의 이름 또한 'F 씨 목표 달성 응원단'으로, 이른바 물밑 작업에 들어갔다.

일단 F 씨에게 적극적으로 나서지 않으면 팀원들이 곤란해진다는 분위기를 귀띔했다. 그러고서 영업 이벤트를 기획하고, 몇 명을 F 씨의 응원단으로 붙였다. 매일 아침 "오늘도 힘내세요" 인사를 건네고, F 씨가 외근하고 돌아올 때면 "좋은 소식 있나요?"라고 묻고, 긍정적인 화젯거리가 있으면 "들려주세요" 하고 말을 걸었다. 응원단원들도 F 씨가 힘을 내주길 진심으로 바라는 동료들이라 발 벗고 나서주었다.

그러자 F 씨에게도 변화의 조짐이 보였다. 평소보다 열정적으로 일하기 시작했다는 재밌는 소식이 들려왔다. 그리고 얼마 뒤, 그는 아주 오랜만에 목표를 달성했다. 분명 F 씨는 누군가가 자신에게 그렇게까지 기대를 건 모습을 본 적이 없었을 것이다.

사실 이 응원단 작전은 내가 그 과장에게 힌트를 제공하면서 시작됐다. 한 올림픽 선수의 출정식에 참가했다가 영감을 얻은 것이었다. 출정식에 모인 사람은 200명가량이었다. 그 선수는 예선은 통과했지만, 메달권과는 거리가 있었다. 소속 회사 리더가 무대에 올라 옆에 있는 선수에게 말했다.

"꼭 메달을 따서 돌아와주세요! 당신은 우리의 별입니다! 메달을 기대해도 되겠죠?"

"물론입니다. 열심히 하겠습니다!"

그러자 리더가 객석을 향해 말했다.

"지금부터 격려의 응원을 하겠으니, 모두 일어서 주시겠어요."

그렇게 출정식에 모인 200명이 "파이팅! 파이팅!" 하고 응원을 시작했다. 집단심리의 힘과 그 효과를 눈으로 직접 본 셈이었다. 물론 메달을 따지 못해 "면목 없습니다"라며 울면서 귀국할 수도 있겠지만 그 선수에게는 큰 힘이 된 것은 분명하다. 그때의 일을 과장에게 이야기하다 함께 고안한 작전이 응원단이었다.

어느 직장이나 힘을 못 쓰는 사람이 있다. 응원단 작전도 하나의 수단이다. 잘만 쓰면 단기간에 변화를 부른다. 아직은 단단하지 않은 팀이라 부자연스럽게 느껴진다면 팀끼리 협력하는 이벤트 등으로 시작해도 좋겠다. 사람은 그리 쉽게 변하지 않지만, 적어도 변할 계기는 제공할 수 있다.

#Point

사람은 기대를 받으면 변한다. 눈을 반짝이며 그들에게 기대를 거는 장면을 연출해보자!

11

재밌게 일하는 법을 알려준다

팀원이 반복되는 업무에 지루함을 느낀
다면 진심으로 일하기는 힘들다. 하지
만 대부분의 일은 단조로운 법이다. 아
마 당신 회사도 그럴 것이다. 그렇다면
일을 재밌게 하는 방법을 가르쳐줘야
한다.

나만의 일 처리 방식을 공유한다

일 자체가 재미있기는 현실적으로 어렵다. 일은 '재밌게' 하는 것이다. 재미를 알려주는 것이 아니라 재밌게 하는 방법을 알려주는 것이 리더의 역할이다.

예를 들어 영업 미팅을 잡는 것도 그렇다. 하루에 몇십 통씩 계속 전화를 돌려야 한다. 영수증 처리도 그렇다. 내일도 모레도 영수증을 붙잡고 깨알 같은 숫자를 확인해야 한다. 프로그래머도 마찬가지로, 매일매일 코드 입력과 씨름한다. 이러한 많은 정형화된 업무는 언젠가 AI로 대체될지 모른다. 하지만 '일을 재밌게 할 줄 아는 힘'은 영원하다. 급변하는 시대에서 꼭 필요한 능력이다.

그렇다면 리더는 어떻게 그 방법을 알려줘야 할까. 다음 방법을 추천한다. 당신만의 일 처리 방식을 알려주는 것이다. 이것만은 꼭 지킨다는 고집 같은 것 말이다. 팀원에게 고유의 방식을 들려주는 것은 일을 재밌게 하는 방법으로 직결된다. 일단 아래 빈칸을 채워보자.

● **당신만의 일 처리 방식: 일할 때 중요한 것은 _____ 이다.**

이해하기 쉽게 참고할 만한 사례를 소개한다. NHK 〈프로페셔널 일의 방식〉이라는 프로그램에서 각계 일인자들이 자기만의 일하는 방식을 밝힌 적이 있다.

- '당연한 것'을 부정할 것. _IT 기술자 오이카와 다쿠야
- 압도적인 결과를 남길 것. _프로야구 선수 스즈키 이치로
- 100−1=0이라고 생각할 것. _호텔 특별요리 고문 다나카 겐이치로

리더의 독특한 방식을 알고 나면, 팀원의 의식이 바뀐다. 실례를 하나 소개한다.

나리타 공항은 여러 차례 '세계에서 제일 깨끗한 공항'에 뽑혔다. 그 영광의 주역은 현장에서 청소팀 리더로 일한 니쓰 하루코 新津春子다. 니쓰 하루코는 어느 날 화장실 바닥이 칙칙하게 물든 것을 발견했다. 바닥 오염은 여간해서는 원상태로 만들기 힘든 법이지만 니쓰 하루코는 포기하지 않았다. 약품을 혼합해 전용 세제뿐만 아니라 도구까지 만드는 등 다방면으로 얼룩 제거법을 고심했다. 여러 번의 시행착오를 거치면서, 드디어 방법을 찾아 바닥을 새하얗게 복구해냈다. 그뿐만이 아니다. 지나가는 사람들에게도 항상 활기차게 "안녕하세요!" 하고 인사를 건넸다.

어째서 그렇게 열심히 한 것일까.

니쓰 하루코는 상사가 건넨 이 말 한마디에 정신이 번쩍 들었다고 한다.

"당신은 청소 기술은 있지만, 진심이 없네요."

이 말을 계기로 생각, 행동, 청소도구 다루는 법까지 전부 바뀌었다고 한다. 니쓰 하루코는 리더로서 수많은 팀원에게 자신의 업무 방식을 전했다.

"내 집이라고 생각하고 일할 것(그러므로 조금이라도 기분 좋게 마중한다)."

리더의 업무방식으로 인해 함께 일하는 이들의 의식이 바뀌고, 세계에서 제일 깨끗한 공항이 되었다.

물론 직장에서는 숫자를 논하고 업무를 확인하는 일도 중요하다. 하지만 진짜 이야기해야 할 것은 어떻게 하면 일을 재미있게 할까이다.

#Point

당신 고유의 업무 방식을 이야기해주면 팀원은 단순 작업조차도 즐겁게 할 수 있게 된다.

12

팀원의 죄책감을 해소한다

정말 세상에 도움이 되는 일일까? 이렇게 진행해도 문제가 없을까? 젊은 직원은 그런 딜레마에 빠지기 쉽다. 그러나 일단 그런 의심이 들면 누가 구구절절 아니라고 한들 달라지기 어려운 법. '올바른 목적'과 '올바른 방식', 이 두 가지 요소를 체감할 때 팀원은 다시 적극적으로 뛰어든다.

일의 당위성을 미리 설명한다

'이 일이 정말 세상에 도움이 되는 걸까?'

그런 딜레마에 빠져 있으면 팀원은 마음 놓고 일에 집중할 수 없다. 개중에는 매출을 올리는 것에 거부감이 든다는 젊은 직원도 있다. 딜레마는 일찌감치 해소해야 마땅하다.

당신이라면 이 질문에 어떻게 답할 것인가? 당신이 소비자금융 광고대리점의 영업팀장이라고 치자. 텔레비전이나 신문, 인터넷상에서 소비자금융을 홍보하는 것이 임무다. 그런데 한 팀원이 조심스럽게 말을 꺼낸다.

"소비자금융의 이용자를 늘린다는 건 불행해질 사람을 늘리는 일이에요…."

자, 당신은 어떻게 대답할 것인가? 억지로 설득하면 '이 팀장은 나랑 정말 안 맞는다'라고 생각할 것이다.

이럴 때 리더는 자신의 시점이 아니라 '이용자의 시점'으로 팀원을 이해시켜야 한다. 소비자금융이 없다면 곤란해질 사람은 누구인가? 또 그 사람은 어디에 살며 무엇을 먹고 어떻게 생활하는가? 소비자금융이 실질적으로 그 사람을 어떻게 도와주는가? 이러한 실제 사례를 당신이 직접 실감나게 풀어놓는 것이다.

꼭 소비자금융만의 이야기는 아니다. 게임 개발회사, 양조회사, 담배 제조업체, 의류회사, 레스토랑, 은행, 증권회사 등 자세히 들여다보면 대부분의 업종에서 '젊은 층이 찜찜하게 여길' 포인트는 존재한다. 그러므로 리더가 직접 이용자의 실제 관점을 정확하게 알려야 한다.

또 하나 중요한 것은 '수단의 정당성'이다. 비도덕적인 방법으로는 열심히 일할 수 없다. 누가 봐도 상품은 좋지만, 판매 수단이 의심스러운 사례가 전형적이다. 다시 한번 같이 생각해보자. 당신이 대형 통신사의 인터넷 회선 판매대리점의 영업과장이라고 하자. 의심할 여지없이 우수한 대기업의 서비스를 제공하고 있다. 세일즈 매뉴얼에는 이런 문구가 있다.

"맨션 관리회사의 허락 아래 입주민에게 안내합니다."

그런데 실제로는 허가받지 않았다면, 어떻게 대처해야 할까?

답은 간단하다. '정당한 방식으로 바꿔 결과를 낸다.' 그게 정답이다. 그러지 않으면 팀원은 진정성을 가지고 일할 수 없다. 부모나 친구에게서 "그 회사에서 나오는 게 좋지 않겠어?"라는 충고를 들을지도 모른다. 이러한 예는 세일즈 매뉴얼에 국한된 일이 아니다. 자사 제품을 본인이 사들여 목표를 달성하거나 거래처에 강매하는 것도 대표적인 사례다. 만일 당신 회사가 이런 방식을 행하고 있다면 감히 제안해본다. 당신이 있는 분야에서

부터라도 개선해나가기를 말이다.

아주 오래전의 일을 고백한다. 내가 부임한 부서에는 베테랑 직원 일부를 중심으로 청탁 습관이 남아 있었다. "실적이 살짝 부족해서 말이죠…" 하면서 고객에게 간청해서 실적을 따내는 방식이다. 그러나 불필요한 거래가 발생해 유착의 온상이 되는 위험한 방법이라고 판단하고부터는 곧장 그만뒀다. 그리고 베테랑 직원의 지혜를 빌려 우리만의 새롭고도 올바른 방법을 고안해보기로 했다. 스스로 생각해낸 방식에 더 애착이 가는 법이다. 올바른 방식에서 멀어지면 조직이 탄탄해질 수 없다는 확신은 지금도 변함없다.

#Point

내 입으로 직접 '타당한 목적'을 알리고, 누구보다도 '정당한 방식'을 고집하는 사람이 되자!

일 잘하는 리더는 이것만 한다

4장

설계도 하나면 내 팀을 어벤져스로 만든다

: 리더의 팀 매니징

01

강한 팀을 만드는 프레임워크

설계도가 없으면 견고하게 집을 지을 수 없다. 팀 꾸리기도 마찬가지다. 강한 팀을 구성하려면, 즉 프레임워크가 필요하다. 그리고 그 설계도는 이미 당신이 쥐고 있다.

균형 성과표를 활용하라

똑똑 뭉쳐 싸우는 팀을 만들기란 쉬운 일이 아니다. 그렇다고 팀의 운명을 운에만 맡겨서는 절대 강해질 수 없다. 최단거리로 팀을 강하게 만들기 위해서는 설계도를 손에 쥐고 있어야 한다. 여기서 꼭 소개하고 싶은 프레임워크가 있다. 바로 '균형 성과표 Balanced Score Card'다. 하버드경영대학원의 로버트 스티븐 캐플런 Robert Steven Kaplan 교수와 컨설턴트 회사 대표인 데이비드 노튼 David P. Norton이 발표한 매니지먼트 시스템인데 나도 균형 성과표의 도움을 톡톡히 받았다. 현장에 적용할 때 살짝 손보면, 강한 팀 구성의 설계도가 된다.

실적이 부진할 때 당신은 무슨 생각을 하는가? 기술이 부족한가, 고객이 불만족했나, 전략이 실패했나 등 다각도에서 따져볼 것이다. 하지만 요소요소가 연결되지 않아 과제를 특정하기가 어려웠던 경험이 있으리라. 이렇게 따로 노는 요소에 연결고리를 만들어 생각하는 것이 균형 성과표다. 균형 성과표는 다섯 가지 요소를 연결해 과제를 정리한다.

① 팀 비전 관점: 팀이 꿈꾸는 세상. "○○을 통해 ○○을 ○○으로 만든다" 등

② 재무 관점: 영업직이라면 수익 목표, 사무직이라면 생산성 등

③ 고객 관점: 어떤 가치를 제공할 것인가? 어떤 행동을 취할 것인가? 내근직이라면 고객을 '관계 부문'으로 바꿔도 좋다.

④ 내부 프로세스 관점: 전략·전술. 1인 업무량, 평가, 조직체계 등

⑤ 학습과 성장 관점: 기술, 정보 공유, 동기부여, 팀워크 등

①을 실현하기 위해서는 ②가 필요하고, ②를 실현하는 데는 ③이 요구된다. ③을 실현하려면 ④가 필요하고, ④를 실현하려면 ⑤가 필요하다는 식으로 하나로 죽 연결해 정리하는 프레임워크다. 다음 두 사례로 자세히 살펴보자.

영업조직의 사례(175쪽)

실적이 부진한 이유는 기술이나 동기부여의 문제(학습과 성장 관점)가 아니라 내부 프로세스의 문제로, 제안 건수가 부족해진 데 원인이 있다.

내근 부문의 사례(176쪽)

살짝 변경하면 내근 부문에서도 사용할 수 있다. 야근이 줄지 않는 까닭은 내부 프로세스의 '평가'와 '과도한 업무량'의 문제이며, 의식이나 기술의 문제가 아니다.

균형 성과표
강한 팀을 만드는 프레임워크

■ 영업조직의 사례

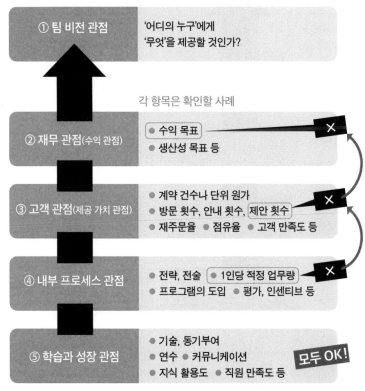

① 팀 비전 관점
'어디의 누구'에게 '무엇'을 제공할 것인가?

각 항목은 확인할 사례

② 재무 관점(수익 관점)
- 수익 목표
- 생산성 목표 등

③ 고객 관점(제공 가치 관점)
- 계약 건수나 단위 원가
- 방문 횟수, 안내 횟수, 제안 횟수
- 재주문율 ● 점유율 ● 고객 만족도 등

④ 내부 프로세스 관점
- 전략, 전술 ● 1인당 적정 업무량
- 프로그램의 도입 ● 평가, 인센티브 등

⑤ 학습과 성장 관점
- 기술, 동기부여
- 연수 ● 커뮤니케이션
- 지식 활용도 ● 직원 만족도 등

모두 OK!

다들 비전은 인지하고 있는데, 실적이 오르지 않는다…
그래, 실적이 오르지 않는 건 재주문율이 줄었기 때문이고,
그건 기술이나 동기부여의 문제가 아니라, 1인당 업무량이
늘어난 탓에 방문 횟수가 줄어, 결과적으로 제안 건수가 줄었
기 때문이다!

■ 내근 부문의 사례

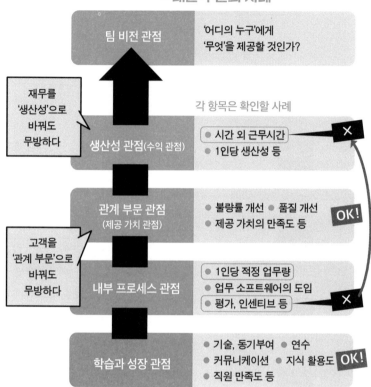

팀 비전 관점

'어디의 누구'에게 '무엇'을 제공할 것인가?

재무를 '생산성'으로 바꿔도 무방하다

각 항목은 확인할 사례

생산성 관점(수익 관점)
- 시간 외 근무시간 ✕
- 1인당 생산성 등

관계 부문 관점 (제공 가치 관점)
- 불량률 개선 ● 품질 개선
- 제공 가치의 만족도 등 OK!

고객을 '관계 부문'으로 바꿔도 무방하다

내부 프로세스 관점
- 1인당 적정 업무량
- 업무 소프트웨어의 도입
- 평가, 인센티브 등 ✕

학습과 성장 관점
- 기술, 동기부여 ● 연수
- 커뮤니케이션 ● 지식 활용도 OK!
- 직원 만족도 등

다들 비전은 인지하고 있지만, 업무(시간 외 근무)가 줄어들지 않는다…
그래, 야근이 줄지 않는 건 1인당 업무량이 늘었기 때문이다. 또 야근을 줄여도 평가에 반영되지 않으니 굳이 야근을 줄이려고 노력하지 않는 것일 수 있다.

과제의 우선순위를
분명히 매겨라

어떤가. 이렇게 균형 성과표로 정리하면 지표 간 관계를 파악할 수 있어서, 과제의 우선순위를 매기기가 수월해진다. 균형 성과표를 모르면 '대화부터 늘리자', '스터디부터 열자'라는 등 방편부터 찾다 보니, 힘은 힘대로 들고 성과는 얻지 못할 가능성이 크다. 참고로 밑 빠진 독에 물 붓기가 되는 사례를 소개한다.

- 역량 업그레이드를 위해 스터디를 하기는 하는데 애초에 문제를 잘못 짚었다.
- 전략은 훌륭한데 1인당 업무량이 과한 상태라 흐지부지된다.
- 열심히 해도 평가에 포함되지 않으니 추진력이 약해진다.

이처럼 핵심을 빠뜨리는 경우가 적지 않다. 이런 일을 막기 위해 설계도를 만들어두는 것이다.

다만 한 가지 덧붙이자면 균형 성과표를 본격적으로 도입할 필요는 없다. 기존의 균형 성과표는 다섯 가지 요소마다 몇 가지 항목을 설정해 숫자로 정밀하게 관리하는, 이른바 '정량 관리'를 철저하게 실시하는 것이다. 경영 관점에서는 정석대로 철두철미하게 해야 마땅하겠지만, 우리는 현장 관리자다. 숫자 하나하나에 집착할 필요는 없다. 너무 많은 지표에 매달리면 현장이 피폐해진다. 이른바 KPI 지옥이다(KPI란 정량으로 평가하는 핵심 성과지표를 말한다). 현장에 도입할 때는 이 정도면 된다.

- '비전'과 '실적·생산성' 달성을 위해 어떠한 '고객 접점'을 만들 것인가?
- 이를 위해 어떠한 '내부 프로세스', '학습과 성장'이 필요한가?

이 부분에서 구체적인 방법만 정해두면 충분하다. 그것만으로도 해야 할 일과 이상적인 모습이 훨씬 선명해진다. 이제 관점별로 무엇을 하면 좋을지 살펴보자.

#Point

운에 맡겨서는 강한 팀을 만들 수 없다.
강한 팀을 만드는 프레임워크를 손에 쥐고 가자!

02

팀의 비전을 함께 고민한다
[팀 비전 관점]

팀원의 에너지가 '본인에게만' 향해 있으면, 팀은 불완전 연소한다. 비전을 고민하는 프로세스가 팀의 에너지를 한 방향으로 이끄는 나침반이 된다.

회사 이념 이전에
팀 비전이 필요하다

'비전 같은 건 없어도 되지 않나?' 혹은 '회사 이념이 있는데 팀 비전이 따로 필요한가?' 하는 의문이 들지는 않았는가? 사실 나도 처음 리더가 됐을 때는 비슷하게 생각했다. 당장 주어진 목표를 달성하는 것만으로 문제없다. 아니, 실적만 잘 내면 알아서 팀이 발전한다고 믿었다. 그런 착각에 빠져 있던 어느 날 팀원이 이런 말을 했다.

"목표 달성은 당연히 해야겠죠. 열심히 하고 있고요. 그런데 미래의 모습이 그려지지 않아요. 무엇을 위해 열심히 하는지를 모르니 허탈할 때가 있어요."

누구나 회사의 이념을 머리로는 알지만, 마음에 침투되어 있지는 않다는 사실을 깨달은 순간이었다. 단순히 이념을 아는 것만으로는 의미가 없다. 내 것으로 만들지 않으면 아무 소용이 없다. 당신의 팀은 어떤가? 필요한 것은 이념 암기가 아니라 내 일로 받아들이게 되는 프로세스다. 이 방식으로 팀 비전을 정립하기를 권한다.

오늘날 직장에는 다양한 가치관을 지닌 인재가 모여 있다. "매

일 잘하는 리더는 이것만 한다

출을 올리자!"라는 구호만으로는 모두가 열정적으로 임하지 못한다.

- 기술을 배우기 위해 열심히 일한다(나의 미래를 위해).
- 회사 외의 생활도 소중하다. 무리해서까지 열심히 하고 싶지는 않다.
- 내 회사를 차리고 싶은데, 지금은 겸직 중이다(최근 늘고 있다).
- 부업을 하고 있어서 체력을 남겨둬야 한다.

이처럼 직원들마다 상황이 다르다. 즉 요즘은 에너지 배분을 개개인이 결정한다는 사실. 리더의 임무는 이 에너지를 목표하는 방향으로 최대한 사용하게 하는 것이며, 고로 요구되는 것이 팀 비전 세우기다.

비전은 주체성을 끌어낸다

내 강연을 들은 한 구인광고 회사의 지바 현 담당 리더의 사례다. 그가 수강한 프로그램은 '챌린지 리더십 연수'로, 팀 비전을 세워 팀원의 주체성을 높이는 비결을 배우는 것이었는데, 그도 예전의 나처럼 처음에는 단기 실적에 온통 정신이 쏠려 있었다. 그러다 이 연수에서 비전의 중요성을 알게 되어 팀원과 함께 고민하게 되었다. 그들이 세운 비전은 "채용을 통해 지바 현을 행복하게 만든다"였다. 그 비전은 지바 현에 사는 사람들이 아침에는 힘들게 지하철을 타고 도쿄로 가서 일하고, 저녁에는 퇴근하고 집에 오는 데도 시간이 걸려 가족과 식사조차 함께하지 못하는 팀원들의 실제 경험을 투영한 것이었다.

결론부터 이야기해보면, 비전을 정하고 나니 이런 효과가 나타났다.

① **주체적으로 변했다**(파견 직원이 "저희도 돕겠습니다"라고 자원하기도!).

② **목표를 건성으로 대하던 중견 사원이 오랜만에 목표를 달성했다.**

③ **영업 방식이 바뀌었다. 고객에게도 비전을 이야기하기 시작하면서 공감을 얻어냈다**("지바 현에서 최근 3개월 동안 100명 이상의 중도 입사자가 결정되었습니다. 모든 이들이 행복해지는 세상을 콘셉트로, 지바 현에서의 매칭을 늘리기 위해 전력을 다하겠습니다"라는 문구를 내걸었다).

④ **결과적으로 매출이 향상되고, 간토 지방 전체에서 표창을 받았다**
(자발적으로 회사에서 요구한 목표보다 높은 목표를 세우고 도전했다).

일단 고객이 누구인지, 그 사람들의 불만·불편·불안을 머리

일 잘하는 리더는 이것만 한다

를 맞대고 상상한다. 그런 뒤 제공하고 싶은 가치에 대해 이야기를 나눈다. 그리고 문장으로 옮긴다. 사실 문구보다는 다 같이 고민하는 과정이 중요한 셈이다. 팀원이 아닌 우리에게는 "지바현을 건강하게 만든다"라는 문구가 바로 와 닿지 않는다. 하지만 그들의 마음속에는 그 진심이 깊숙이 깃들어 있는 것이다.

#Point

비전은 외우는 것이 아니다. 팀원들이 주체적으로
팀 비전을 인식하는 것이 중요하다.

03

비전을 루틴으로 정착시킨다
[팀 비전 관점]

바쁜 일상 속에서 비전은 유명무실해진다. 벽에 붙여놓은 포스터만으로는 비전을 침투시키기에 역부족이다. 루틴으로 만드는 것이 침투의 열쇠다.

비전을 쉼 없이 전달하라

기껏 생각해낸 비전이나 도전이 유명무실해지는 것은 흔한 일이다. 물론 대강이라도 비전을 알거나 누군가는 비전을 줄줄 읊어나갈 수도 있겠다. 하지만 실천하지 못한다면 의미가 없다. 한번 정한 비전이나 도전은 모두에게 침투시켜야 한다. 일단 이렇게 생각해보자.

일주일에 40시간 일한다면 40시간 동안만큼은 쉬지 않고 전달한다고 말이다. 물론 귀에다 대고 계속 말할 수도, BGM처럼 계속 들려줄 수도 없는 노릇이다.

그러니 이렇게 생각하자.

'시각으로 호소하고, 청각으로 호소하고, 나아가 시스템으로 침투시킨다.'

이렇게 하면 쉼 없이 전달할 수 있다.

첫째, 비전을 시각에 호소한다.

말 그대로 보여주는 방법이다. 이를테면 사무실에 포스터를 붙인다거나 컴퓨터 배경화면을 만들고, 메일 서명에 삽입하는 방식이다. 단체복을 제작해 사무실에서는 그 옷을 입고 일하는 방법도 있다.

최근 아주 인상 깊은 곳이 있었는데, 앞서 채용을 통해 지바 현을 행복하게 만들 것이라고 말한 구인광고회사 과장의 사례이다. 지바 현에 있는 기업이 직원 한 명을 채용할 때마다 티슈로 만든 장미를 사무실에 걸었다고 한다. 그렇게 채용 인원 100명을 넘겼을 때, 사무실은 꽃밭으로 변해 있었다(이 장미는 파견 직원이 자발적으로 만든 것들이었다).

둘째, 청각에 호소하는 방법으로 비전을 말로 전한다.

회의나 조례 때마다 '비전을 언급하는' 단순한 방법이다. 리더가 반복해서 이야기하는 것이 포인트다. 리더가 말하지 않으면 그 길로 끝이다. 이를테면 소프트뱅크의 손정의 회장이 실천하는 방법을 참고해보자. 유튜브에서 손정의 회장의 강연 몇 편을 찾아보라. 그는 10년 넘게 "정보혁명으로 사람들을 행복하게 만들 것"이라고 수차례 반복하여 말해왔다. 실제로 현 소프트뱅크의 직원뿐 아니라 그곳을 거쳐 간 사람이라면 이 말을 모르는 사람이 없다.

한 번으로 끝내지 않고 의도를 담아 반복해서 이야기하는 것이 중요하다. 물론 다 같이 비전을 외치는 것도 좋지만, 마음이 담기지 않은 제창은 안 하느니만 못하다. 형식적인 의식만큼 직장을 폐쇄적으로 만드는 것도 없다.

　　　　　　　일 잘하는 리더는 이것만 한다

마지막은 시스템화하여 루틴으로 정착시키는 방법이다. 예를 들면 회의나 조례 때 비전을 어떻게 실천하는지 확인하는 코너를 마련하는 식이다.

어느 회사에는 "고객의 기대를 넘어설 것"을 비전으로 정한 부서가 있었다. 그 부서에서는 매주 미팅 때 '기대를 넘어섰는지 확인하는 코너'를 만들어놓았다. 지난 한 주를 돌아보며 기대를 충족한 행동과 그러지 못한 행동을 각각 발표하는 시간이다. 스스로 부족함을 느낀 일은 이런 식으로 공유한다.

"자료를 보내달라고 하여 데이터를 메일로 보냈어요. 그런데 자료의 용도를 확인했더라면 인원을 확인하고 필요한 부수를 우편으로 보내드리는 것까지 할 수 있었을 텐데 아쉬움이 남습니다."

이에 대해 리더는 "좋아요! 큰 깨달음이네요"라고 칭찬한다.

사실 이 회사는 3년 전까지만 해도 이직자가 줄을 이었다. 그런데 이 코너를 마련하자 팀의 결속력이 높아지면서 고객의 칭찬도 늘어났고, 무려 근 2년은 회사를 떠난 사람이 한 사람도 없었다.

이런 사소한 일도 꾸준히 하다 보니 비전 침투에 한몫한 셈이다. 부디 당신의 팀에서도 비전을 루틴으로 정착시키기 바란다.

04

팀의 도전을 결정한다
[팀 비전, 재무, 고객 관점]

기한을 정하면 해야 할 일이 분명해진다. 수익 목표 또는 고객 가치 향상의 관점에서 도전을 결정하고 나면, 팀의 에너지가 폭발한다!

기한을 정하면
에너지가 집중된다

비전을 세웠다면 기한을 정하여 도전 과제를 세워보자. 예를 들면 6개월, 1년 등의 단기 도전을 추천한다. 길어도 2년이 적당하다. 내가 그 팀의 리더를 맡을 것이라고 기대하는 기간으로 가정하면 현실적으로 다가온다.

예전에 이 '기한 효과'를 체감한 사건이 있었다. 이것도 구인 사업 영업조직의 리더였던 시기의 일이다.

그 팀에는 운 좋게도 베테랑들이 모여 있어서 매출 증대는 비교적 식은 죽 먹기였다. 그들의 힘을 집약해 새로운 서비스 모델을 한번 만들어보고 싶었다. 이미 "채용을 통해 고객 사업의 성장에 이바지한다"를 비전으로 제시한 뒤였지만, '비전을 대하는 마음가짐'은 제각각이라 이 부분을 손봐야겠다고 생각한 참이었다. 그래서 도전 과제를 팀원에게 제안해보았다.

"앞으로 1년 안에 승부를 가리고 싶습니다. 팀원 모두가 매출 증대뿐 아니라 고객의 수익을 늘리기 위한 아이디어를 내야 합니다. 그리고 그에 따른 성과발표회를 '전 직원 앞'에서 실시할 예정입니다."

처음에는 반발이 거셌지만, 논의를 거듭하는 과정에서 일단 도전해보기로 결론이 났다. 만약 비전을 정해두지 않았다면 팀이 꽤 시끄러웠을 터다. 그 후로 영업직과 내근직 모두 눈빛이 달라졌다.

참여를 높이려면 '평가와 연동하는 것'도 중요했다. 경영진에게 우리 매출뿐 아니라 고객의 수익을 증대한 성과를 가점 요소로 책정해달라고 요청하자 흔쾌히 허락했다. 평가 항목에도 반영되자 팀원들은 한층 열을 올리며 일에 매진했다. 1년 후 성과발표회를 실시했는데, 놀라운 결과를 확인할 수 있었다. 개중에는 연 매출 4,000억 원의 고객사가 채용을 통해 사업을 확장하고서 고작 8개월 만에 360억 원이나 매출을 올린 사례도 있었다.

할 수 있는지가 아니라 하고 싶은가를 고민한다

딱히 회사가 시켜서 한 일은 아니었다. 회사의 이념을 충분히 이해하고 있었고, 그것이 우리의 일이라는 생각에서 팀의 비전을 세우고 기한을 더해 도전해봐야겠다고 결심했을 뿐이다.

사람도 그렇지만 조직도 할 수 있는지부터 따지면 절대로 성장할 수 없다. 아울러 달성 가능한 목표, 쉬운 목표만으로는 금세 열기가 식는다. 다 함께 힘을 합쳐 이상적인 목표를 따라가야 재밌어지는 법이다.

적어도 리더라면 할 수 있는지는 맨 나중에 따지자. 우선은 리더가 이 일에 도전해보고 싶다고 운을 떼워보자. 그 후에는 팀원이 다양한 의견을 제시할 것이다. 그렇게 이야기가 오가는 과정이 중요하다. 그 과정이 없으면 '누가 시켜서 일하는 느낌'을 지울 수 없다. 팀원들과 머리를 맞대고 도전을 꿈꿔보는 것이다.

반대 의견이 나올 때는 이렇게 되물으면 어떨까.

"만일 이 일에 따라오는 리스크가 없다면 하고 싶을 것 같은가요?", "그렇다면 리스크를 먼저 제거해보는 게 어때요?" 하고 말이다. 실제로 리스크가 그리 크지 않다는 것을 깨닫게 된다. 만약 뜻대로 일이 풀리지 않아도 속만 좀 쓰릴 뿐이다. 귀찮은 일이 조금 늘어나는 정도다. 회사에 직격탄을 날리지도 않을뿐더러 자신들의 평가에도 악영향이 없는데, 한편으로 고객의 니즈에는 부합하기도 한다.

도전은 무엇이든 좋다. 10년 후에 팀원과 재회했을 때 "그때의 경험이 지금도 도움이 됩니다"라는 말을 들을 수 있는, 그런 1년이 되도록 늘 고민하자. 도전 없이는 이룰 수 없다.

05

무리하지 않아도 결과가 나오는 시스템을 구축한다
[내부 프로세스 관점]

'기술이 부족하다', '역량이 부족하다' 등 불만족스러운 결과의 이유를 찾으려고 하면 끝이 없다. 기술이 탁월하지 않아도 결과를 낼 수 있는 시스템을 만드는 것, 이것이야말로 이 시대의 리더에게 필요한 능력이다.

누구나 결과를 낼 수 있는 틀과 매뉴얼을 만든다

'가타카^{型化}'라는 개념을 아는가? 숙련된 기술자가 아니라도 누구나 결과물을 낼 수 있는 틀을 만드는 것을 가리킨다. 이해를 돕기 위해 상징적인 사례를 소개해보겠다.

한 텔레비전 방송에서 본 일이다. 고급 중화요리점 아카사카리큐의 주방장이 나왔는데, 몇십 년에 걸쳐 완성한 그의 레시피를 보고 방송국 아나운서가 음식을 흉내 내어 만든다는 내용이었다. 게스트들은 누가 음식을 만들었는지 모르는 상태였는데, 아나운서가 만든 음식을 먹고 너 나 할 것 없이 맛있다며 호들갑을 떨었다. 그리고 끝내 누가 만들었는지 가려내지 못했다. 이처럼 기술을 따로 습득하지 않아도 누구나 결과를 낼 수 있는 방법이 가타카다.

영업 업무라면 '이것'과 '저것'을 '이렇게' 하면 결과를 낼 수 있고, 회계 처리라면 숫자만 입력하면 서류로 출력할 수 있는 방식이다. AI의 도입이 바로 가타카의 일종인데, 사람의 노력이나 기술을 '무'로 만드는 것이 가타카의 최종 목표일 것이다. 우선은 AI를 들이지 않아도 현장에서 써먹을 수 있는 틀을 만들어두자.

매뉴얼을 만드는 것도 추천하는 방법이다. 고성과자의 행동을 누구나 따라 할 수 있는 매뉴얼에 담는다. 그대로만 따라 하면 결과물이 나오는 비전秘典이 된다. 이에 관해 취재해본 적이 있는데 기대 이상으로 고성과자와 저성과자의 업무 방식에 차이가 있었다. 다음 방법으로 진행해보자.

① 고성과자의 '프로세스'를 확인한다.
② 프로세스마다 '행동'을 확인한다.
③ 그 '프로세스'와 '행동'을 누구나 실행할 수 있도록 정리한다.

이게 전부다. 예를 들어 영업 미팅의 틀을 만든다면, 이런 느낌이 된다. 모호함을 걷어낼수록 노력을 쏟아야 할 지점이 명확해진다. 물론 영업뿐 아니라 그 어떤 직종이라도 '프로세스'와 '행동'은 정리할 수 있다. 꼭 시도해보기를 바란다.

■ 미팅 약속을 잡는 매뉴얼 예시

미팅을 요청한 상대방의 목적 확인 후
지금부터 몇 가지 질문을 하겠다는 허락을 받는다.

상황
condition

1. 타사 제품을 이용하는 목적과 평가를 묻는다.

2. 그 제품을 선택한 이유를 확인한다.

3. 지금 실현하고 싶은 것(목적, 목표 등)을 확인한다.

4. 현장의 이용 현황을 묻는다.

5. 최종 목표를 묻는다.

문제 파악
gap

6. 3불(불편, 불만, 불안)을 확인한다.

7. 어떤 부분을 개선해야 만점이 될지 묻는다.

8. 그 이유를 묻는다.

영향 확인
impact

9. 이대로 방치했을 때의 영향을 묻는다.

제안 승낙

10. 제안을 허락한다.

6~8번에 공을 들이면
나아질 거예요.

비즈니스
협상
연습

선배   신입

무리하지 않고도
성공하는 방법을 찾는다

매뉴얼을 만들어도 유야무야 끝나면 의미가 없다. 유야무야되는 이유 중 하나는 시간 부족. 조사해보면 초과근무를 하는 경우도 적지 않다. 1인당 적정 업무량을 정해두자. 초과할 것 같다면 증원을 하거나 팀 내에서 업무 분담을 바꿔야 한다. 그것도 아니면 다른 방법(본부 차원의 지원, 외주 등)까지 검토해야 한다.

요즘은 무조건 열심히 해라, 정신력으로 극복하라는 말이 통하는 시대가 아니다. 애쓰지 않아도 잘 굴러가는 체제를 만드는 것이야말로 리더의 역할이다. 부디 무리해서 생기는 비효율은 대담하게 줄여나가자.

#Point

**기술이 없어도, 애쓰지 않아도, 시간을 들이지 않아도
성과를 낼 수 있도록 틀을 만들자!**

06

행동을 바꾸고 싶다면 평가지표를 바꿔라
[내부 프로세스 관점]

많은 회사원이 놀라울 정도로 '평가지표'에 맞춰 행동한다. 평가에 반영되지 않으면 아무리 강조해도 흐지부지해지는데, 평가를 바꾸면 석 달 안에 행동이 바뀐다.

평가지표가 바뀌면
행동이 바뀐다

평가를 바꾸지 않으면 행동은 바뀌지 않는다! 나는 그렇게 확신한다. 사람은 좀처럼 바뀌지 않는다. 익숙한 방법을 내려놓기 싫기 때문이다. 그렇지만 평가지표가 바뀌면 그 순간부터 행동을 바꿔나가기 마련이다. 지금과는 다르게 행동하기를 원한다면, 우선 평가부터 연동하자. 물론 인사제도를 뜯어고치기는 어려울 것이다. 하지만 제도는 못 바꿔도 운용만큼은 바꿀 수 있을지도 모른다. 이렇게까지 말하는 데는 이유가 있다. 회사원은 평가로 움직이기 때문이다.

오해하지는 말자. 나쁘다는 말이 아니다. '평가 = 회사의 기대'라고 이해하면 충분하다. 다만 평가받지도 못하는 일을 그저 열심히 하라고 밀어붙이니 어물쩍 넘어가는 일이 늘어날 따름이다. 야근도 그렇다. 단번에 없어지지 않는 이유로 초과 근무수당의 존재를 무시할 수 없다. 야근하면 시간당 단가가 올라가는 셈인데, 따지고 보면 오히려 야근을 더 쳐주는 결과가 된다. 그러니 무 자르듯 그만둘 수 없으리라.

그러므로 운용 면에서 변화를 주는 것이다. 매달 30시간 이상

일 잘하는 리더는 이것만 한다

야근하면 성과 불문하고 강제로 쉬게 하는(결과적으로 평가에 영향을 준다) 회사도 있고, 영업 표창 대상에서 제외하는 회사도 늘고 있다.

개중에는 일찍 퇴근하면 인센티브가 올라가도록 한 회사도 있다. 그러다 보니 이들 회사에서는 어떻게 하면 일찍 퇴근할 수 있을지 앞다퉈서 아이디어를 낸다. 평가의 대상이 되면 석 달 안에 행동이 바뀐다.

#Point

평가의 지표를 바꾸면 행동은 알아서 바뀐다.
회사원은 평가로 움직인다.

처음에는 대화의 양에 집중한다
[학습과 성장 관점]

팀원끼리 가벼운 이야기도 나눌 수 없는 상황이라면 당연히 팀이 잘 돌아갈 리가 없다. 편하게 이야기할 수 있는 관계를 만드는 것이 단단한 팀을 만드는 첫 단추다.

가벼운 대화 시간을 마련한다

잡담을 꺼리거나 사적인 대화가 줄고 있는 팀이 적지 않다. 직장에 여유가 없어진 탓도 있겠다. 1인당 업무량이 증가하고, 근로시간 규제도 있는 상황이니 어쩔 수 없는지도 모른다. 하지만 이제 막 꾸려진 팀이라면 '대화의 양'이 매우 중요하다는 사실을 잊지 말자. 팀의 발달단계를 논한 '터크만Tuckman 모델'을 참고해보자(202쪽 그림 참조).

일단 주목해야 할 것은 첫 단계인 '형성기'다. 이 단계에서는 팀원끼리 어색하기 마련인데, 그런 분위기를 없애는 것이 관건이다. 그렇다고 대단한 일을 할 필요는 없다. 대화 시간을 마련하기만 해도 된다. 혹은 함께 먹는 점심 정도도 충분히 효과를 발휘한다.

콜센터 회사 모시모시핫라인(현 리라이아커뮤니케이션즈)에서 진행한 실험을 살펴보자. 조사 기관은 히타치 중앙연구소이다. 비슷한 나이대의 다양한 팀원과 짝을 이뤄(네 명 단위) 점심을 먹도록 했더니 수주율이 무려 13퍼센트나 올랐다.

의사소통이 활발해지면서 각종 정보가 자연스럽게 퍼졌기 때

터크만 모델(팀의 발전 단계)

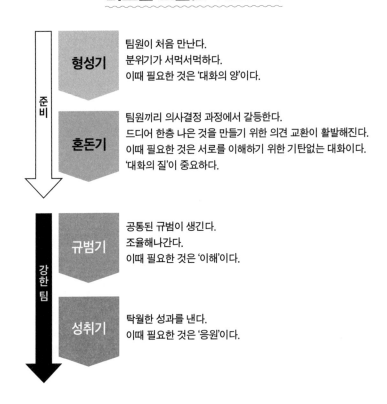

형성기
팀원이 처음 만난다.
분위기가 서먹서먹하다.
이때 필요한 것은 '대화의 양'이다.

혼돈기
팀원끼리 의사결정 과정에서 갈등한다.
드디어 한층 나은 것을 만들기 위한 의견 교환이 활발해진다.
이때 필요한 것은 서로를 이해하기 위한 기탄없는 대화이다.
'대화의 질'이 중요하다.

규범기
공통된 규범이 생긴다.
조율해나간다.
이때 필요한 것은 '이해'이다.

성취기
탁월한 성과를 낸다.
이때 필요한 것은 '응원'이다.

준비 / 강한 팀

문이라고 한다. '보이지 않는 느슨한 파벌'로 분절된 부분을 연결했더니 의사소통이 원활해지면서 생산성이 향상된 결과를 얻은 셈이다. 즉 매일 같은 사람과만 대화하는 것은 의미가 없으며 파벌을 초월한 대화가 중요하다. 점심시간을 유용하게 활용하는 것 외에도 미팅 시작 전 5분을 잡담 시간으로 만들면서 부담 없

일 잘하는 리더는 이것만 한다

이 이야기 나누는 관계를 형성해 직원 만족도를 높인 회사도 있다. 어떤 방법이든 좋다. 당신만의 방법으로 대화의 양을 늘릴 기회를 만들어보자.

만족도 높은 직장에 반드시 있는 것! 면담

이외에도 방법은 있다. 직원 만족도가 높은 회사의 공통점은 바로 면담이다. 중요한 것은 횟수다. 최소 한 달에 2~3회의 빈도로 면담을 진행한다. 그만두는 사람이 없는 기적의 요양시설이라고 불리는 가쇼엔合掌苑(도쿄 마치다구 소재)도 리더가 한 달에 여러 차례 면담을 진행하고, 한 대형 웹 애플리케이션 회사에서도 일주일에 한 번은 면담을 진행한다(링크앤드모티베이션의 직원 만족도 조사에서 상위 0.1퍼센트 안에 든 놀라운 회사다).

　면담 시간은 10분 정도면 무방하고, 요즘 힘든 일은 없는지 물어보는 정도도 좋다. 아까 그 거래처의 한 리더는 "때로는 할 이야기가 없어서 어쩔 수 없이 근황을 나누기도 해요"라며 면담 내용이 꼭 특별할 필요가 없다고 이야기한다.

팀이 갓 꾸려졌을 때 혹은 일체감을 부여하고 싶을 때는 대화의 양을 늘리는 쪽으로 이끌어보자. 편하게 소통하는 분위기를 만드는 것이 팀을 단단하게 만드는 첫걸음이다.

#Point

대화 시간의 우선순위를 높여 팀 전체의 '대화량'을
늘릴 기회를 만들고 편하게 소통해보자!

08

서로의 생각을 알 기회를 만든다
[학습과 성장 관점]

두 번째 단계는 서로의 내면을 아는 것이다. 한나절이든 하루든 짬을 내 연수를 받는 방법도 추천한다. 의외로 서로 무슨 생각을 하는지 모르는 경우가 많다.

혼돈기에는 대화의
질에 집중한다

팀이 예상보다 혼란스러운 때도 있을 것이다. 작은 파벌이 생기기도 하고, 때로는 자잘하게 대립각을 세우기도 한다. 그래도 초조해하지 말자. 혼돈기에 들어섰을 뿐이니까.

이때는 대화의 양만으로 극복하기 어렵다. '대화의 질'에 집중할 차례다. 대화의 질이란 어떨 때 기쁘고, 어떨 때 불만을 느끼는지 혹은 어떤 일을 잘하고 앞으로는 무엇을 하고 싶은지와 같은 '생각'에 서로 관심을 가지는 것을 말한다. 사실 고백하자면 나도 과거에 이런 일로 머리를 싸맨 적이 있다. 하지만 '혼돈기'라는 것은 알고 있었기에, 해야 할 일이 차츰 눈에 들어왔다. 그때 썼던 방법을 소개해보겠다.

서로를 이해하기 위해서 하루나 한나절 짬을 내 연수를 받는 방법을 추천한다. 의외로 일상적인 대화만으로는 속사정은 알기 힘들기 때문이다. 나는 강점 진단 도구인 '스트렝스 파인더 Strengths Finder'를 활용했다(208쪽). 무료판을 이용해 간편하게 강점을 찾았는데, 스트렝스 파인더 같은 진단 도구가 없어도 알아낼 방법은 있다(209쪽).

이렇게 알아낸 강점은 그야말로 가지각색이다. 어떤 사람은 '정보 축적'에 일가견이 있고, 어떤 사람은 '새로운 돌파구'를 기가 막히게 찾아내며, 어떤 사람은 '협업'을 잘하는 식이다. 그러다 보니 때로는 대립각을 세우는 것도 이해가 됐다. 정보를 축적하고 싶은 사람에게 "지식을 쌓는 건 이제 됐으니 빨리 좀 일해라"라는 말을 한다면 그 사람의 생각을 부정하는 셈이 된다. 상대방의 발언 배경이나 가치관을 알아두면 이해력이 월등히 높아진다. 연수를 진행하면서 물어봐야 할 것은 다음 네 가지다.

① 지금 맡은 일의 만족도는?
② 무엇을 더하면 만점일까?
③ 어떨 때 만족스러운가(지금껏 기쁨을 느낀 적은 언제인가)?
④ 의욕이 넘쳤을 때 발휘했던 강점은 무엇이었나?

인원에 따라서는 한두 시간으로도 가능하니 꼭 한번 시도해보자. 나도 연수를 진행하는 강사로서 이 방법을 다양한 기업에 소개해왔는데, 예외 없이 그동안 서로에 대해 이렇게나 몰랐다며 놀라움을 토로한다. 물론 시간을 들이면 서서히 서로를 알게 되겠지만, 사업 속도가 점점 빨라지는 요즘 같은 시기에는 단시간에 서로를 깊이 이해하는 요령도 필요하다.

스트렝스 파인더

스트렝스 파인더는 조직 컨설팅을 지원하는 여론조사 기관 갤럽GALLUP이 개발한 강점 진단 프로그램이다. 두 가지 방법으로 강점을 진단받을 수 있다.

방법1 접속 코드가 포함된 책을 구매한다.
방법2 갤럽 사이트에서 직접 접속 코드를 구매한다.

■ 접속 코드가 포함된 책

《강점으로 이끌어라》
짐 클리프턴 · 짐 하터(김영사)

외 《위대한 나의 발견 강점혁명》, 톰 래스 · 도널드 클리프턴(청림출판)

■ 갤럽 사이트

https://store.gallup.com
34개의 자질 중에서 상위 다섯 개의 강점을 알 수 있다.

팀원 전원이
결과를 ◀ ・1위: 전략 ・2위: 최상화 ・3위: 긍정 ・4위: 행동 ・5위: 존재감
공유한다
※ 저자 이바 마사야스의 강점 진단 결과

스트렝스 파인더를 사용하지 않고 강점을 찾는 방법

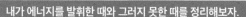

사전에 작성

동기가 무엇에 영향을 받았는지 되돌아본다.

과거~현재를 돌아본다(사회인이 된 후로 지금까지).

내가 에너지를 발휘한 때와 그러지 못한 때를 정리해보자.

연도	사건	저 ← 성취감 → 고	발휘한 힘 • 성취감이 높았을 때 • 낮았다가 만회하기 시작한 때	어떤 느낌이었는가?
2006	○○입사		팀워크	• 후배가 성장하는 모습을 보고 기뻤다. 선배가 됐다는 사실에 기뻤다. • 성과를 내면 주변 사람들도 다 같이 힘이 난다는 것을 느꼈다. • 개개인이 역할을 맡으면 힘이 솟는다는 것을 알았다. • 조직 변동으로 일해보고 싶은 부서가 사라져 슬펐다. • 과거는 잊고 새로운 것에 금세 몰두하는 내 모습에 놀랐다.
2008	○○로 이동		경쟁심/ 후배 지도 능력	
2009	○○를 맡음			
2010	표창을 받다		팀워크	

● **성취감을 느꼈을 때의 공통점은?**

● **성취감을 느꼈을 때, 어떤 힘을 발휘했나?**

● **성취감이 '낮았다가 높아진' 계기는 무엇인가?
또 무엇을 했을 때 계기가 되었는가?**

공유한다

서로 결과를 공유한다.

09

팀원 개개인을 주인공으로 만든다
[학습과 성장 관점]

리더는 혼자만 열심히 하면 안 된다. 리더는 주인공이 아니다. 일 잘하는 리더는 어떻게 하면 팀원에게 역할을 정확하게 부여해 개개인의 힘을 끌어낼 것인가를 고민한다.

당신의 참모를 키워라

당신에게는 '참모'가 있는가? 참모란 당신의 협력자이자 업무 대행도 가능한 팀원을 말한다.

이런 사람이 없다면 가까운 시일 내에 키우기를 추천한다.

참모 효과를 자세히 알아보자. 당신이 어떤 새로운 일에 도전하려고 하면 분명 반대하는 사람이 나타날 것이다. 이른바 2:6:2의 법칙이다. 20퍼센트는 찬성, 60퍼센트는 중립, 20퍼센트는 반대, 대부분은 이렇게 구성된다고 생각하면 된다. 일단 중립인 60퍼센트부터 움직이게 만들자. 60퍼센트가 움직이면 반대하는 20퍼센트도 따라 움직일 수밖에 없다. 이때 당신이 직접 나서기보다 참모가 '당위성'을 역설해야 빠르게 형세를 역전할 수 있다. 나도 몇 번이나 참모 덕을 봤다.

앞에서 내가 "1년 뒤에 성과발표회를 열자"라고 제안했을 때도 그랬다. 이때도 팀원의 반응은 2:6:2였다. 반대하는 20퍼센트의 저항이 꽤 세서 교착상태에 빠졌다. 그 상황에서 나를 대변해줄 사람이 구세주처럼 나타난 것이다.

"저는 하는 게 좋다고 생각합니다. 지금은 괜찮아도, 3년 후를 생각하면 고객과 지금보다 더 끈끈한 관계를 맺어야 하지 않나요? 함께 해보면 어떨까요?"

결정적인 한 방이었다. "당신이 참모다"라고 선언할 필요는 없지만(물론 말해도 좋다), 같은 눈높이에서 생각하고 의논할 수 있는, 그런 신뢰할 만한 사람이 있으면 얼마나 도움이 되는지 모른다. 만약 없다면 우선은 참모를 키우는 데 집중하자. 반년에서 1년 동안 정보를 공유하면서 이야기를 나눠보라. 서서히 눈높이가 맞추어질 것이다.

참모만 열정적으로 일하면 균형이 틀어지는 법이다. 주연과 조연으로 나뉘면 안 된다. 팀원에게 제각각 역할을 맡기자. 역할은 팀에서 존재가치를 빛낼 기회가 된다.

"○○ 씨가 낸 방안을 이용했더니 고객 만족도가 5퍼센트나 상승했습니다"라고 팀원들을 앞에 두고 칭찬하는 건 어떨까. 의욕이 안 생기는 게 이상할 것이다. 팀의 주요 역할로는 다음과 같은 것이 있다.

팀원의 역할

- 생각하는 역할: 새로운 방법을 궁리한다.
- 만드는 역할: 프로그램이나 자료를 만든다.
- 회의를 이끌어가는 역할: 회의를 진행한다.
- 이벤트 및 홍보 역할: 분위기를 띄운다.

- 격려하는 역할: 회식 등을 기획한다.
- 공부하는 역할: 도움이 되는 정보를 공유한다.

예를 들어 팀을 끈끈하게 만드는 이벤트를 기획하는 사람도 필요하고, 범용 기획서를 작성하는 사람도 필요하다. 이벤트 홍보 역할이나 회식 자리의 총무도 있겠다. 회의 사회자를 맡기는 직장도 있다(사회자를 맡기면 팀원의 주체성 향상에 도움이 된다). 경제신문에서 업무에 도움이 될 만한 정보를 찾아서 공유하는 역할을 만들 때도 있다(이는 공부 습관으로도 이어진다). 물론 한 사람이 여러 역할을 겸하는 것이나 여러 명이 한 가지 역할을 순서대로 맡는 것도 상관없다. 어떤 방식이든 우선 역할을 정한 뒤에 모두에게 맡겨보자. 우리가 힘을 합쳐 팀을 움직인다는 생각에 능동적으로 변할 것이다.

#Point

당신 곁에 참모를 두라. 다만 팀에 대한 애착을 강화하고 싶다면, 참모 외에도 모두에게 빠짐없이 역할을 맡기자!

10

감사 총량의 기회를 늘린다
[학습과 성장 관점]

> 리더가 고맙다고 말해주면 으쓱해지는
> 법이다. 아울러 동료와 고객의 감사 인
> 사까지 듣는다면 '이 팀에서 일해서 행
> 복하다'는 생각이 들 것이다.

고마움의 표현이
의욕을 높인다

고맙다는 소리를 들으면 누구나 의욕이 샘솟는다. 심리학자 애덤 그랜트 Adam Grant도 감사에 관한 연구에서 책임자에게 감사 인사와 피드백을 받으면 생산성이 향상된다고 밝혔다. 그렇다면 감사 인사를 받을 기회를 최대한 늘려보는 건 어떨까. 내가 찾아낸 방법은 이렇다.

세 방향에서 고마움이 전달되도록 하자. 첫 번째는 리더인 당신의 감사 인사. 당신이 직접 "열심히 일해줘서 고마워요", "덕분에 잘 해결됐네요. 고맙습니다"라고 표현한다. 최소한 일주일에 한 번, 혹은 2주에 한 번은 마음을 전한다. 그 외에도 아래와 같이 고마움을 표현하는 루틴을 만드는 것이 효과적이다.

- 반기에 한 번씩, 그 시기에 활약한 직원에게 주는 MVP상, 우수상 등을 표창한다.

- 매주 SNS나 메일로 전달한다(성실히 일한 사람의 업무 태도나 화젯거리를 알린다).

- 조례 때 반드시 감사 인사를 곁들인다.

감사 총량을 늘린다

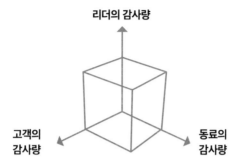

두 번째는 동료의 감사. 동료의 감사 표현은 자신이 팀에 속해 있다는 소속감을 체감시키는 효과를 준다. 이를 '조직 적합성'이라고 하는데, 팀의 응집력을 높여준다. 단 약간의 장치가 필요한데, 예를 들면 아래와 같다.

- 회사 차원에서 주는 표창장(예: 팀원이 선정한 우수사원)

- 서로서로 고마움을 전하는 감사 카드(손글씨로 카드를 보내는 리츠칼튼 도쿄 The Ritz-Carlton Tokyo와 일본항공JAL, 곳곳에 설치된 상자에 메시지 카드를 넣는 도쿄 디즈니리조트Tokyo Disney Resort 등의 사례가 유명)

- 케이크를 먹으며 팀원 생일을 축하하기(고마움을 담아)

일 잘하는 리더는 이것만 한다

세 번째는 고객의 감사. 고객 설문조사를 통해 받은 인사, 인터넷상의 입소문, 혹은 실제로 들은 고객의 소리를 팀원들과 공유한다. 이는 자신감으로 이어져 행동을 강화하는 효과가 있다.

사회 공헌에 관심이 커진 요즘, 특히 강화하면 좋을 관점이다.

- 고객의 평가를 수집한다(설문조사, 전화 등).
- 수집한 고객의 목소리를 SNS나 메일로 전달한다.
- 고객의 의견을 벽에 게시한다.

고객 만족을 실감할 기회는 의외로 적다. 꼭 계획적으로 고객의 의견을 모아 공유하자. 자신감이 팍팍 쌓인다. 이 세 방향으로 감사 인사를 최대한 많이 나눌 수 있게 제도를 마련해보자. 리더는 그러한 기회를 만드는 프로듀서와 같다.

#Point

감사 인사는 '즉흥적'으로 나누지 말고, 미리미리 '기획해서' 나누자! 이는 팀원의 의욕으로 이어진다.

일 잘하는 리더는 이것만 한다

5장

과제를 구분해야
일이 쉽게 풀린다

: 리더의 문제 해결

결정하지 못하는 리더는 문제를 키운다

'아직은 괜찮을 거야' 하면서 무심결에 판단을 유보해버리지는 않는가. 아니면 반대로 분위기에 휩쓸려 곧바로 결정을 내리고 후회한 적은 없는가. 리더는 어떤 상황에서도 흔들림 없는 판단 기준을 세울 줄 알아야 한다.

리더는 한발 앞서
움직인다

리더가 범하기 쉬운 실수로 '의사결정의 보류'가 있다. 결정을 미뤘을 뿐인데 손해가 막심해지는 경우가 얼마나 많은가. 음식점 컨설팅으로 유명한 퍼스트10의 대표 오노데라 마코토小野寺誠는 말한다.

"유능한 점장은 직원이 나갈 것을 예상하고 일할 사람을 구하며, 무능한 점장은 직원이 나가고 나서야 부랴부랴 직원을 구한다."

자세한 이야기는 이와 같았다.

"일을 잘 못하는 점장은 여유가 없으니까 직원이 나갔을 때 '일주일에 하루 일할 사람'이라도 고용하려고 한다. 안이한 대증요법이다. 하지만 그런 사람은 결국 전력에 도움이 되지 못한 채 금세 그만둔다. 결국 가게 서비스의 질이 떨어지고, 되돌릴 수 없는 사태가 벌어진다."

결단은 보류하는 그 순간부터 균이 증식하듯 문제가 불어난다. 따라서 리더는 리스크를 허투루 넘기면 안 된다. 일이 틀어질 상황을 대비해 지금부터라도 움직이는 게 낫겠다는 판단이

들면, 다소 비효율이 발생할 가능성이 있더라도 한발 앞서 움직여야 한다.

확고한 판단 기준을 세운다

그렇다고 해서 신속한 결단만이 중요하다는 말은 아니다. 심리적 압박감이나 분위기에 휩쓸려 "좋아, 가보자!" 하고 호탕하게 결정했다가 불필요하게 팀원을 흔들어 모두를 불행에 빠뜨릴 가능성도 있다.

거래처에 억지로 자사 제품을 팔아넘긴다든가 사재기로 목표를 달성하고 검사 수치를 입맛에 맞게 살짝 바꾸는 일 등 신속하게 결단을 내렸다가 결과가 나빠지는 경우가 많다. 즉, 중압감에 흔들리지 않기 위해서는 확고한 판단 기준(원칙)을 세워야 한다. 판단 기준이 있으면 쉽게 휩쓸리지 않는다. 현장의 리더가 세워야 할 판단 기준을 알아보자.

일 잘하는 리더는 이것만 한다

현장 리더가 세워야 할 판단 기준

- 고객 관점: 늘 내부 사정보다 '고객이 어떻게 생각하는가?'를 고려한다.

- 공평 관점: 거래액은 같은데 할인율을 다르게 적용한 경우 등. 장기적으로 보면 경쟁력이 약화된다.

- 리스크 관점: '최악의 경우 어떻게 될 것인가?'를 예상하고 미리 손을 쓴다.

- 목적 관점: '애초의 목적'에서 벗어나지 않았는지 고려한다.

- 효과 관점: '투자 대비 효과'를 생각한다. 효과가 예상되지 않는 일은 하지 않는다.

- 회복 관점: 실패해도 손실이 적어 수업료로 생각할 수 있는 범위인지 판단한다.

- 장기 관점: 근시안은 버린다. 앞으로의 일을 생각한다.

트레이드오프 상황에서 타협하지 않는다

당신은 때로 트레이드오프 상황에서 압박감을 느낄 것이다. 양을 택하면 질이 떨어지고, 속도를 택하면 비용이 올라가는 이율배반적인 상황 말이다. 경영학자인 게리 하멜Gary Hamel은 "우리가 노려야 할 것은 둘 중 하나의 선택(OR)이 아니라 모두 다(AND)이다"라고 말했다. 비결은 이렇다. AND를 실현하기 위해 '제3의 안'을 짜내는 것이다. OR로 타협해서는 난관 돌파는커녕 가능성만 무너뜨리고 만다.

한 인재파견회사의 젊은 리더가 난관을 돌파한 사례를 보며 함께 고민해보자.

● 신규 클라이언트를 개척하려면 직원 한 명이 하루에 전화를 100~200통을 걸어야 한다. 문제는 업무량 압박으로 퇴사자가 늘 수도 있다.

● 아웃소싱하면 전화 한 건당 요금이 발생하는 것이 일반적이다. 따라서 통화 건수가 늘 때마다 비용이 올라간다. 하지만 이 사업은 신규 사업이라 큰 비용(고정비)을 들일 수 없다.

자, 이 모순된 상황에서 당신이라면 어떻게 대응하겠는가. 이 젊은 리더가 생각한 제3의 안은 다음과 같았다.

'일단 아웃소싱은 한다. 다만 통화 건당이 아니라 약속 건당 성과 과금으로 계약한다. 이렇게 하면 통화 건수가 늘어도 비용은 늘지 않는다. 아웃소싱 회사도 자체적인 노력으로 미팅 약속을 따내는 효율을 높인다면 적은 통화량으로 약속을 잡아 이익

률을 높일 수 있다. 이를 위한 훈련과 정보 제공은 아낌없으리라
는 것도 약속한다.'

이 조건을 내걸었더니 기꺼이 수락하겠다는 회사가 나타났다.
그렇게 순조롭게 스타트를 끊었고, 처음에는 넷이서 시작한 사
업이 4년이 지난 지금은 직원 100명을 넘는 수준까지 성장했다.

'양을 택할 것인가 질을 택할 것인가', '효율성을 택할 것인가
안전성을 택할 것인가', 이러한 트레이드오프의 결단에 직면했
을 때, 쉽게 타협하지 말고 제3의 안을 고안하자는 규칙을 마련
하자. 이러한 판단이야말로 회사와 사업을 강하게 만들 기회를
제공한다.

02

망설여질 때는 이론으로 판단한다

"어리석은 자는 경험으로 배우고, 현명한 자는 역사에서 배운다"라는 격언이 있다. 사실 유명한 비즈니스 이론은 모두 역사가 증명한 것들이다. 걸출한 리더들이 흔들리지 않는 까닭은 비즈니스 이론으로 판단하기 때문이다.

흔들리지 않는 리더의 비밀

항상 대담한 결단을 내리기로 유명한 호시노리조트의 호시노 요시하루 사장의 생각을 들여다보자. 한 공개토론회에서 '판단 기준'에 대한 질문을 받았을 때, 호시노 요시하루 사장은 다음과 같이 대답했다.

"제 판단 기준 중 하나는 비즈니스 이론입니다. 이론은 신뢰할 수 있습니다. 왜냐하면 이미 증명된 성공 패턴, 즉 정석이니까요. 저는 과제를 만나면 항상 어떤 이론에 대입하면 좋을까를 고민합니다. 이때 중요한 것은 교과서를 바탕으로 착실하게 점검해 보는 것입니다. 내 입맛에 맞는 것만 고르지 않고, 일일이 다 해보는 것이 중요합니다."

모두 맞는 말이다. 호시노리조트는 비즈니스 이론 연수를 자주 여는 것으로도 유명하다. 이론을 아는 것이 그만큼 중요하다는 이야기이리라.

리더가 되었다면 기본적인 비즈니스 이론은 꼭 알아두자. "선택과 집중으로 해야 할 일을 간추려야 한다", "경쟁우위가 중요하다"와 같은 이야기를 들어본 적 있는가. '선택과 집중'은 피터 드러커Peter F. Drucker가, '경쟁우위'는 마이클 포터Michael Porter가 주장한 개념이다. 이 두 이론을 아는 사람이라면 해야 할 일을 정확히 파악하지 못하는 사람과 마주하면 강한 위기의식을 느끼게 된다.

그렇다면 제일 먼저 알아두어야 할 이론은 무엇일까. 상세한 설명은 생략하지만 대략 어떤 것인지, 어떤 효과를 지닌 것인지 알아보자.

① 사업전략, 마케팅 이론

- 스왓SWOT 분석: 전략을 세우려고 하는데 사업환경은 어떠한가?

- 성장전략: 어느 영역에서 확장할 것인가? 새로운 영역으로 갈 것인가, 기존 영역에 머물 것인가?

- 경쟁전략: 선택과 집중을 하고 있는가? 경쟁우위는 명확한가?

- 마케팅믹스(4P, Product · Place · Price · Promotion): 그 전략을 진행하기 위한 구체적인 전술은 무엇인가?

② 매니지먼트 이론

- 균형 성과표: 대체 무엇을 매니지먼트하는가?

- 인적자원관리: 이직자 없이 성과를 내기 위한 대책으로 무엇이 있을까? 첫 부서 배치, 연수, 평가, 보수는 어떠한가?

- 코칭의 그로우GROW 모델: 시켜서 하는 느낌을 어떻게 없애는가?

③ 재무의 기본 이론
- 손익계산서(PL): 매출, 매출총이익률, 영업이익률은 어떻게 되는가? 낭비는 없는가?

물론 이는 극히 일부라, 이것 말고도 굉장히 많다고 지적할 수도 있다. 하지만 현장 리더가 이것을 알고 있느냐가 판단의 질을 크게 좌우한다는 데는 이견이 없을 것이다. 흥미가 생겼다면 비즈니스 프레임워크 해설집을 한 권 사보자. 본격적으로 공부하기로 마음먹었다면 경영대학원을 다니거나 경영지도사 공부를 하는 것도 좋겠다. 자격증 공부는 설사 합격하지 못해도 피가 되고 살이 되기 마련이니 말이다. 여담이지만 자격시험에는 떨어졌지만 그 지식을 무기 삼아 사내에서 영향력을 펼쳐 승진한다거나 지식과 전문성을 결합해 컨설턴트로서 창업하는 사람의 수입이 자격증 보유자보다 월등하게 높은 역전 현상은 이미 흔하다. 즉 중요한 것은 자격증 취득 여부가 아니라 '실무에서 무기로 사용할 수 있는가'이다. 기한을 정해 집중해서 한 공부가 재산이 되는 것만은 분명하다. 리더가 된 지금이 당신에게는 절호의 기회이다.

03

대책부터 찾지 않는다

무능한 리더는 다짜고짜 '방법'부터 찾다가 실패한다. 시도하는 족족 결과를 내는 리더는 방법을 찾기 전에 '과제'부터 간추리기 때문에 해야 할 일을 놓치지 않는다. 과제를 간추리면 해야 할 일이 분명해진다.

유능한 리더는
해결할 과제부터 정한다

즉흥적인 결정만큼 헛수고를 늘리는 일도 없다. 고생은 고생대로 하고 보람이 없다면 팀원의 신뢰도 잃을 것이다. 일단 문제에 직면했다면 구체적인 대책을 찾을 게 아니라 '과제'부터 정해야 한다. 먼저 과제란 무엇인지를 짚고 넘어가자. 문제와 과제가 뒤죽박죽인 사람이 꽤 많다. 이 두 가지를 정리하면 다음과 같다.

- 문제: 이상적인 모습과 현실의 차이
- 과제: 먼저 해결해야 할 일, 즉 성공의 열쇠

그렇다면 다음 페이지의 그림1을 보자. 이 그림은 정확한 판단을 내리는 리더와 그러지 못하는 리더의 차이를 설명한 것이다. 이처럼 판단의 정확도가 떨어지는 리더는 무턱대고 대책부터 쥐어짠다. 입버릇은 "나 때는 말이지", "다른 데서도 이렇게 하잖아", "상사가 해야 한다니까"이며, 사고가 단순하다. 이래서는 제대로 된 대책을 세울 수 없다.

판단력을 키우려면 '과제'부터 정한다

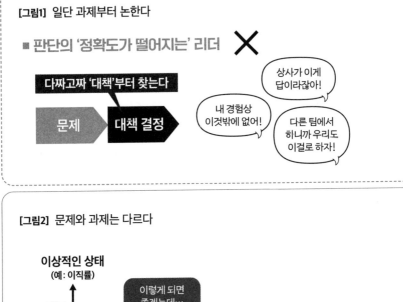

[그림1] 일단 과제부터 논한다

■ 판단의 '정확도가 떨어지는' 리더 ✕

다짜고짜 '대책'부터 찾는다

문제 → 대책 결정

상사가 이게 답이라잖아!

내 경험상 이것밖에 없어!

다른 팀에서 히나까 우리도 이걸로 하자!

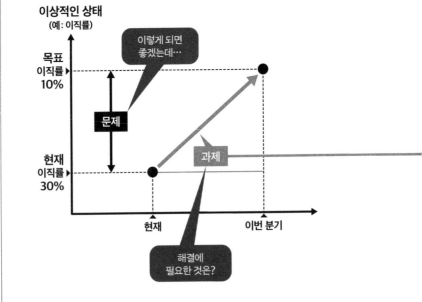

[그림2] 문제와 과제는 다르다

이상적인 상태
(예: 이직률)

이렇게 되면 좋겠는데…

목표
이직률
10%

문제

현재
이직률
30%

과제

현재

이번 분기

해결에 필요한 것은?

■ 판단의 '정확도가 높은' 리더 ○

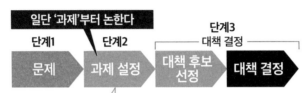

일단 '과제'부터 논한다

단계1   단계2   단계3
                    대책 결정

문제 ▶ 과제 설정 ▶ 대책 후보 선정 ▶ 대책 결정

[그림3] 과제를 특정하면 합당한 대책을 세울 수 있다

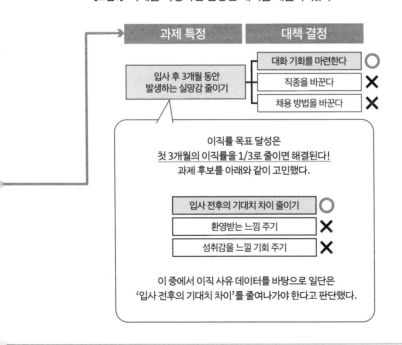

어떻게 과제를 찾아낼까

한편 정확한 판단을 내리는 리더는 일단 '과제'를 특정한다. 그 다음 몇 가지 대책안을 내고, 효과를 따져 신속하게 선택한다. 더 자세하게 프로세스를 살펴보면 앞의 그림 2처럼 된다.

이 그림은 이직률을 10퍼센트로 낮추고 싶지만, 현재는 30퍼센트인 경우를 예로 든 것이다. 먼저 과제를 특정하는 방법을 살펴보자. 이 그림을 보면 '입사 후 3개월의 이직률을 3분의 1'로 낮추려면 전체 이직률이 10퍼센트가 되어야 한다는 것을 알 수 있다. 이것만으로도 어느 정도 압축이 가능하다.

그다음 과제 후보를 선정한다. 그림 3의 예시에서는 '입사 전후의 기대치 차이 줄이기', '환영받는 느낌 주기', '성취감을 느낄 기회 주기', 이렇게 총 세 가지 후보를 선정했다. 그러고서 이직 사유 데이터를 확인하고, '입사 전에 기대한 모습과 입사 후 현실의 갭 줄이기'가 과제라고 판단했다. 그 후 대책 후보를 몇 가지 내고, 효과가 가장 클 거라고 기대하는 대책을 선택했다. 어떤가. 이렇게 과제부터 생각하면 정확한 판단을 내려 문제를 해결할 수 있다.

자, 지금 당신이 해결해야 할 과제는 무엇인가? 부디 과제를 간추려보기를 바란다. 분명 판단의 정확도가 올라갈 것이다.

#Point

무턱대고 방법부터 찾지 않는다. 해결하고 싶은 문제가 있다면 '과제'부터 특정하자!

04

즉시 판단하기 어려운 경우라면

이렇게 해도 판단하기 어려울 때가 있다. 그렇다고 판단을 미루는 것은 리스크를 키운다. 물론 단순하게 결정해서도 안 된다. 이런 어려운 상황에서는 어떻게 할지 규칙을 정해두는 것이 중요하다.

본래의 목적을
기준으로 판단한다

그 자리에서 바로 결정하려다 조바심이 나면, 필요 이상으로 조급해지고 본래의 목적을 잊게 된다. 그럴 때일수록 한발 물러서서 침착해져야 한다. 무엇을 위해 결단을 내리려고 하는지 목적으로 돌아가 생각하자.

한 예로, 영업팀 과장이었던 시절 이런 일이 있었다.

"과장님, 1년에 300억 원 정도의 매출이 기대되는 신규 안건에 대해 논의하고 있는데, 진행해봐도 될까요?"

그 부서의 연 매출은 500억 원 정도였으니 꽤 큰 기회였다. 내용을 들어보니 본업인 구인서비스 제공이 아니고 완전히 결이 다른 텔레비전과 인터넷 광고였다. 대형 광고대리점의 일을 그대로 따온다는 계산이었다. 그 팀원의 영업력은 인상 깊었지만, 우리의 본업은 구인서비스 제공이었다. 물론 센스 있는 직원이라 충분히 대응하리라는 생각은 들었다. 리더는 나의 판단에 맡긴 상황이었다. 나는 장고 끝에 거절을 택했다.

- 애초에 우리의 비전이자 본분은 '구인을 통해 고객의 성장에 이바지하는 것'. 이 비전하에 구인서비스에 특화되어 있다.

- 만약 그 팀원이 쓰러지거나 퇴직하면 대응할 수 있는 시스템이 없다. 그렇게 되면 부서를 새로 만들어야 하고, 별도의 트레이닝이 요구된다.

- 당장의 300억 원은 감사하지만, 그 후를 생각해보면 본업에서 멀어지게 될 것이다. 게다가 우리의 강점을 살릴 수 있는 사업이 아니므로 성과가 나온다 해도 일시적일 것이다.

- 이제 막 설립한 회사라면 몰라도, 사업 전체로 따지면 이미 2조 원가량의 매출을 올리고 있다.

이러한 이유에서 내린 판단이었다. 그 뜻을 팀원에게 상세히 설명하자 "그것도 그렇네요" 하면서 흔쾌히 거절을 받아들였다. 만약 신사업 구상을 받아들였다면 확장하지 못하고 끝났을 것이다. 앞으로의 전개가 불투명한 영역이었다. 적어도 본업에 집중해야 할 타이밍이었다. 눈앞의 이익에 흔들리지 않고 기준을 지키는 것이 얼마나 어려운지를 느낀 순간이었다.

선배나 동료에게 조언을 구한다

그래도 판단하기 어려운 때가 있다. 그럴 때는 다른 사람에게 적극적으로 물어본다. 보통 팀원이나 상사에게 의견을 묻는데, '이론으로 판단할 수 있는 제3자', '현실을 잘 아는 제3자'에게도 조언을 구해보기를 권한다. 대학 시절 선배나 동료, 친구, 다른 부서 선배 등이 있을 텐데, 그중에 제일은 예전 상사다. 분명 내가 생각지 못한 방향에서 조언해줄 것이다. 경영자나 정치가가 점술가에게 의견을 구한다는 이야기를 들어본 적이 있을 것이다. 이는 미지의 신의 계시를 듣고 싶다기보다는 편견 없는 사람이 결단을 촉구해주기를 바라서라고 한다. 굳이 점술가를 찾아가지 않더라도 당신 주변에 상담해줄 상대가 있을 것이다. 꼭 조언을 구해보기를 바란다.

작은 일부터 시작한다

선견지명이라는 단어를 듣고 딱 떠오르는 사람이라면, 소프트뱅크 그룹의 손정의 회장을 꼽지 않을까.

손정의 회장은 새로운 차원의 사업을 개척하고 투자하는 등 고난도 의사결정 단계에서도 망설임 없이 결단을 내리는 것처럼 보이는데, 실제로는 어떤 규칙이 있는 모양이다.

"70퍼센트의 성공률이 예견된다면 해야 한다. 50퍼센트는 너무 낮고, 90퍼센트는 너무 높다."

어떤가. 참고할 만한 규칙이지 않을까. 내 나름대로 시뮬레이션을 해보고, 70퍼센트 정도는 성공할 만하다면 작은 일부터 시작해보는 것이다. 이 작은 일부터 시작하는 방법을 이어서 살펴보자.

#Point

즉시 판단하기 어렵더라도 뚜껑을 덮기보다 '초심'을 생각하고, '조언'을 구하며, '행동'을 개시할 것.

05

리스크가 없는 범위에서 실험한다

해보지 않으면 모르겠을 때는 '린 스타트업'으로 시도하는 것이 정답이다. 리스크가 없는 범위에서 실험을 반복해, 성공으로 향하는 길을 다져가는 것이 오늘날의 글로벌 스탠더드다.

린 스타트업을 도입한다

'린 스타트업Lean Startup'을 알아두면 결단력이 한 단계 업그레이드된다. 린 스타트업이란 원래 미국의 창업가 에릭 리스Eric Ries가 스타트업 창업을 성공적으로 해내기 위해 고안한 방법론이다.

아이디어가 있을 때 시뮬레이션에 공들이는 것이 아니라, 짧은 주기로 가설과 검증(작은 실험)을 반복해가면서 성공 확률을 높인다는 내용이다.

유명한 예로는 '인스타그램'이 있다. 인스타그램은 원래 '버븐 Burbn'이라는 위치정보 앱으로 시작했다.

초기에는 예상보다 인기가 저조했는데, 실험과 학습을 반복하는 사이에 '사진 공유기능이 가장 인기가 많다'라는 사실을 발견한다. 그렇게 버븐은 사진 공유를 골자로 하는 SNS로 방향을 전환하고, '사진 공유·댓글·좋아요' 기능을 장착해 지금 인스타그램의 원류를 만들었다.

짐작했으리라 본다. 그렇다. 회사에서 도전 과제를 검토할 때 린 스타트업을 도입하는 것이다. 린 스타트업에 대해 자세히 알아보자.

일 잘하는 리더는 이것만 한다

현장에 린 스타트업 적용하기

우선 린 스타트업의 사이클을 기억해두자. 다음 페이지의 그림을 보자. 글로 설명하면 이런 느낌이다.

- 그럴듯한 아이디어가 있다면 최소기능제품(MVP)을 만들어 '작은 실험'을 해본다.

- 리스크가 없는 범위에서 시도한 제품(서비스)을 검증(측정)한다.

- 피드백을 바탕으로 학습하고 다음 액션을 결정한다. '촉진', '중지', '재실험'을 정한다.

회사원 시절 조례를 없앤 나의 실제 사례를 소개해보겠다. 과장으로 있던 시기, 조례가 꼭 필요한지 의문이 들었다. 형식적인 느낌이 강했기 때문이다. 그저 회사에서 습관적으로 행하는 조례가 마치 성역에 들어간 것 같았다. 리더와 이 문제에 대해 의논했더니 사기가 저하될 것이라며 반대 의사를 밝혔다.

그래서 완전히 없애는 방안은 내려두고 '일주일에 2회 실시'를 제안해 합의를 끌어냈다. 1개월의 실험을 거쳐 결과를 측정

린 스타트업
(리스크가 없는 범위에서, 작은 실험을 반복하는 방법)

일단 최소기능제품을 만든다
(가상의 서비스 · 제품 · 아이디어)

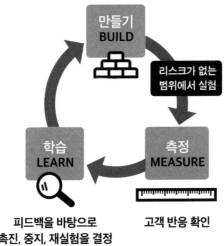

만들기
BUILD

리스크가 없는
범위에서 실험

측정
MEASURE

고객 반응 확인

학습
LEARN

피드백을 바탕으로
촉진, 중지, 재실험을 결정

했다. 사무실을 거치지 않고 직행하는 일이 늘어나 협상 건수가 늘었고, 팀원의 사기가 떨어지기는커녕 일이 빠르게 진행되어 야근이 줄면서 오히려 사기가 올라갔다. 다만 팀의 전체적인 움직임을 알 기회가 있으면 좋겠다는 팀원의 의견이 있어, 완전히 없애는 것보다 일주일에 2회 실시하는 것이 최선이라고 판단했고, 결과적으로 조례는 주 2회로 정착되었다.

당신의 직장에도 없애보고 싶은 성역이나 왠지 건드리기 어려운 문제가 있지 않은가. 그럴 때는 린 스타트업으로 실험해보면 어떨까.

"검토해보긴 할 텐데, 어려울 것 같고…"와 같이 모호하고 부정적인 대응은 우유부단한 사람으로 보이게 할 뿐이다. 부디 지금 당장 '작은 실험'을 시도해보자.

#Point

모르니까 하지 않는 것이 아니라, 해보지 않는 이상은 모르니까 더더욱 실험해본다!

06

내가 내린 정답에 얽매이지 않는다

고집 센 장인 기질의 플레이어일수록 리더로서는 실패하기 쉽다. 강점, 개성, 생각은 각양각색이다. 자신의 방식을 밀어붙이는 순간 팀원의 재능은 꺾여버린다.

팀원이 방식을
찾아내도록 돕는다

최근 인사 부문의 오피니언리더로 떠오른 사이버에이전트 Cyber Agent의 소야마 데쓰히토曽山哲人 이사에게 '리더가 된 사람이 주의해야 할 점'에 대해 물었다. 그는 이렇게 대답했다.

"그건 아주 간단해요. 내 방식을 밀어붙이지 말 것. (…) 플레이어 출신으로 리더가 된 사람이 실패하는 이유죠. (…) 유능한 리더는 팀원이 방식을 찾아내게끔 돕습니다. 무능한 리더는 본인 방식을 밀어붙이고요."

그야말로 본질을 꿰뚫은 말이다.

전 프로야구 선수인 스즈키 이치로鈴木一朗가 신인이었을 때, 타격 폼의 기본이 되어 있지 않다며 교정하려고 했던 인물은 당시 오릭스의 도이 쇼조土井正三 감독(V9 시절 자이언츠의 주력 선수)이었다. 또 천재 만담가로 불린 요코야마 야스시는 일본을 대표하는 개그 콤비인 다운타운의 젊은 시절 만담을 보고 "그렇게 품위가 없어서야 쓰겠어? 사람들 앞에서 할 만한 개그가 아니야!"라고 혹평했다.

플레이어로서 성과를 낸 사람일수록 자신만의 미학과 철학이 있어서, 다른 사람도 잘되라는 마음에 충고하는 경우가 적지 않다. 그런데 만약 스즈키 이치로 선수와 다운타운이 그때 진지하게 충고를 받아들였다면 어떻게 되었을까? 생각만 해도 등골이 오싹해진다. 분명 지금처럼 훨훨 날지 못했을 것이다.

리더는 자기가 내린 정답에 얽매이지 않는 것은 물론, 자신을 뛰어넘을 방법을 함께 고민해달라고 요청할 줄 알아야 한다.

젊은 팀원들은 확실히 실수를 두려워하는 경향이 있다. 그러나 그들의 엉뚱한 아이디어 중에는 눈이 휘둥그레질 만큼 뛰어난 것도 있다. 그 아이디어를 살리는 것도 죽이는 것도 리더에게 달렸다.

#Point

내가 '이해할 수 있는 것'만 찬성하는 것은 잘못된 자세다. 색다른 방법을 두 팔 벌려 환영하자!

07

실패를 두려워하지 않는 비결

실패를 두려워하는 사람과 그러지 않는 사람의 차이는 용기에서 나오는 게 아니라 길게 보는 안목에서 나온다. 기간을 길게 잡으면 눈앞의 실수가 성공으로 향하는 투자가 된다.

실패를 실패라고
생각지 않는다

실패학이라는 학문이 있다. 바로 '실패를 살리는 학문'이다. 실패학을 연구하는 전 도쿄대학대학원 특임교수인 하마구치 데쓰야濱口哲也의 말에 따르면 "과거 사례를 수집해보면, 새로운 것에 도전했을 때 99.7퍼센트는 실패"로 끝난다. 믿기 어려운 수치지만, 대부분이 실패한다는 데는 고개가 끄덕여진다.

그런데 이 실패가 진짜 실패는 아니라고 단언하는 사람도 적지 않다. 이를테면 파나소닉의 창업자 마쓰시타 고노스케는 저서 《지도자의 조건》에서 다음과 같이 말한다.

"세상이 말하는 대다수 실패는 성공하기 전에 포기해버리는 데 원인이 있다."

교세라 KYOCERA의 창업자 이나모리 가즈오稻盛和夫도 말했다.

"이 세상에 실패란 존재하지 않는다. 도전하고 있다면 실패가 아니다. 포기했을 때가 실패다."

앞서 소개한 호시노리조트의 호시노 요시하루 사장도 마찬가지였다.

"장기적인 관점을 세워야 합니다. 이론으로도 잘 풀리지 않을 때가 있죠. 장기적인 관점에서 보면 실패인지 아닌지 알 수 없어요. 그저 집요하게 시도할 뿐입니다. 집요하게 하다 보니 실패한 적이 없다는 소리를 들었네요. 성공할 때까지 계속하면 됩니다."

즉 그들은 "장기적인 관점에서 실패를 보면, 실제로는 실패가 아니라 성공으로 가는 단계에 지나지 않는다"라고 강조한다.

실패를 지식으로 바꾼다

앞에 나온 하마구치 데쓰야는 실패학에 관해 이런 말도 했다.

"실패학은 실패에서 배우는 것입니다. 창조의 과정에서 반드시 일어나는 실패를 실패로 끝내는 것이 아니라 유용하게 활용합니다. 그리고 앞으로 일어날 실패를 예방하고, 창조의 효율을 높이자는 것이 발상의 원점입니다."

하마구치 데쓰야는 또 실패에서 배우려면 "실패를 상위개념인 실패 지식으로 바꿔야" 한다면서 탄광 사고의 예를 소개한다. 잘못된 예는 "탄광에서는 분진이 폭발한다"처럼 현상만 기록하는 것. 이 문장으로는 극히 소수의 정보만 얻을 수 있다. 그런데 실패를 지식으로 바꾸면 이렇게 된다.

"분체는 체적분의 표면적이 큰 탓에 산소를 대량으로 빨아들여 폭발한다."

이렇게 표현하면 '교훈'을 얻어 많은 사람이 활용할 수 있다. 긴 안목으로 보면 실패는 성공의 과정에 있는 셈이다. 실패에 성공의 기운을 불어넣고 싶다면 실패를 곱씹으면서 개선할 방법을 논하는 자리를 마련해야 한다.

그래도 불안할 때는 최악의 사태가 일어날 확률을 시뮬레이션해본다. 이런 장면을 상상해보자. 기사회생을 위한 판촉 이벤트를 기획하는 상황이다. 실패하면 강등될지도 모르는 절박한 상황이라, 불안한 마음에 결단을 내리지 못하고 있다. 이때 성공과 실패 확률은 반반이라고 치자.

- 이 판촉 이벤트가 실패할 확률은? ➡ 반반(×50%)
- 그 결과 목표를 달성하지 못하게 될 확률은? ➡ 반반(×50%)
- 당신에게 비난의 화살이 올 확률은? ➡ 반반(×50%)
- 담당자에서 제외될 가능성은? ➡ 반반(×50%)
- 결과적으로 강등될 가능성은? ➡ 반반(×50%)

50퍼센트가 다섯 번. 이것을 모두 곱하면 강등될 가능성은 약 3퍼센트에 수렴된다. '강등될지도 모른다'라는 걱정이 기우였음을 알 수 있다. 머릿속이 복잡하다면 숫자로 실패 확률을 따져보자. 리스크가 아니라 기우인 경우가 대부분이다.

#Point

실패를 두려워하지 않으려면 실패를 높은 곳에서
내려다보는 습관을 들이자.

쓸데없이 할 일을 늘리지 않는다

쓸데없는 일을 하지 않으려면 불필요한 일의 기준을 세우는 것이 아주 중요하다. 그리고 불필요하다는 판단을 내렸다면 작심하고 그만둬야 한다.

무엇을 하지 않을지
결정하는 일도 중요하다

"무엇을 하지 않을지 결정하는 일은, 무엇을 할지 결정하는 것만큼 중요하다."

애플사의 창업자인 스티브 잡스 Steve Jobs의 말이다. 실제로 구글 공동창업자인 래리 페이지 Larry Page가 스티브 잡스에게 경영에 대해 조언을 구했을 때도 이와 비슷한 대답을 했다는 일화가 유명하다.

"하지 않을 것을 결정한다. 그것이 경영이다."

우리는 해야 할 일은 자주 정하는데, 하지 않을 일은 얼마나 진지하게 정하고 있을까. 그러나 이미 시대는 바뀌었고, 나는 그 변화를 이미 체감했다. 메가뱅크의 지점장 600명에게 시간 관리에 관한 강연을 할 기회가 있었는데, 메가뱅크그룹 사장은 강연의 목적을 이렇게 말했다.

"장시간 업무에만 매달려 일하던 시대는 '완전히' 끝났다고 생각하십시오. 일과 일상을 모두 착실히 해내고 성과도 확실히 내야 합니다. 오늘 강사님의 이야기를 귀담아듣고, 반드시 '실천'하시기를 바랍니다."

강연 시간이 짧았는데, 영상으로 그룹 기업의 지점장들에게도 보여주고 싶다는 요청까지 받았다. 현장을 이끄는 리더는 이미 다른 차원을 연구해야 할 상황에 놓인 셈이다.

내가 진행하는 연수 중에 하지 않을 일을 정하는 프로그램(생산성 향상 연수)이 있다. 그 연수에서는 제일 처음에 '헛수고 진단 기준'을 소개한다. 다음 네 가지 관점인데, 이 중 하나라도 해당한다면 깔끔하게 그만두자는 것이다.

☑ **헛수고 진단 기준**
☐ 그만둬도 '고객 만족'에 영향이 없다.
☐ 그만둬도 '직원 만족'에 영향이 없다.
☐ 그만둬도 '리스크 관리'에 영향이 없다.
☐ 그만둬도 '실적'에 영향이 없다.

직원 60명 규모의 한 기업에서는 내 연수를 듣고 사내에서 업무 개선 플랜 콘테스트를 실시했더니, 2주 만에 120개나 제안서가 올라왔다고 한다. 내막을 살짝 공개해보자면, 화이트기업 대상을 수상한 전기회사 미라이공업 未来工業이 실시하는 '제안서를 제출하면 건당 인센티브 5,000원을 지급'한다는 방법을 따라 한 것인데, 인센티브가 없어도 충분히 제안서가 제출되었다.

설사 인센티브 비용이 들었다 해도 '5,000원×120개'이므로 총금액은 60만 원. 이것을 싸다고 볼지 비싸다고 볼지는 생각하기 나름이겠지만, 나는 명백히 저렴하다는 쪽에 손을 들고 싶다.

자, 여기서 한 가지 제안을 해보겠다. 이 기준을 참고해 다 같이 그만할 일 목록을 작성해보면 어떨까.

해야 할 일이 아니라 그만할 일이다. 회의나 서류 등 없애도 괜찮은 일은 얼마든지 있다. 분명 숨겨진 낭비를 없앨 아이디어가 나올 것이다. 모든 직원이 함께 개선안을 고심하면서 하지 않을 일과 그만할 일 목록을 작성한다. 그렇게 하면 틀림없이 단번에 시간을 단축할 수 있을 것이다. 분명 팀원들도 눈을 반짝이며 찾을 것이다.

일 잘하는 리더는 이것만 한다

6장

리더가
고독을 느낄 때가
바로 승부처

: 리더의 마인드

왜 리더가 되면 고독해질까?

리더십을 터득하는 과정은 '여행'에 비유된다. 여행길에서는 고독해질 때도 있다. 하지만 그것은 여행에서 우연히 겪는 시련에 지나지 않는다. 그 앞에 새로운 광경이 펼쳐져 있음을 깨닫는 순간, 고독은 시련이 아니라 성장의 기회란 것을 이해하게 된다.

리더는 스스로
극복해야 한다

사람에 따라서는 관리직을 맡은 순간부터 외롭다고 느낄 수도 있다. 지금까지 느끼지 못했던 팀원과의 거리, 경영진의 줄어든 칭찬, 혼자 해결해야 한다는 압박감 등 다양한 변화를 체감할 것이다. 그럴 때는 이렇게 생각해보자. 드디어 진짜 리더십 여행이 시작되었구나. 리더십을 키워가는 과정은 이처럼 여행과 같다고들 한다.

리더십 연구의 권위자 히토쓰바시대학교 대학원의 이치조 가즈오一條和生 교수의 책《리더십의 철학》은 열두 명의 저명한 경영자에 대한 인터뷰로 구성되어 있는데, 이런 구절이 있다.

정도의 차이는 있겠지만 누구에게나 업다운의 시기가 있다. 그런 가운데에서도 모든 리더십 스토리가 비극으로 끝나지 않은 까닭은 힘든 시기에도 미래에 대한 희망을 품고 역경을 극복하며 여행을 멈추지 않았기 때문이다.

리더십을 키워나가는 과정에서는 반드시 고독을 느끼는 순간이 찾아온다. 팀원이 잘 따라와주지 않을 때도 그렇고, 상사가 이해해주지 않는다고 느낄 때도 그렇다. 그러나 그 어떤 상황에서도 리더가 되면 전부 자기 책임으로 돌아오니 도망갈 곳이 없다. 팀원일 때는 감싸주는 사람도 많지만, 리더가 되면 상황은 그렇지 않다. 미래지향적으로 스스로 고난을 극복해야만 한다.

필요 이상으로 비판하지 않는 법

니혼TV에서 제작한 〈첫 심부름〉이라는 프로그램이 있다. 서너 살짜리 어린아이가 혼자서 가까운 가게에 심부름 가는 모습을 쫓는 프로그램이다. 겨우 5분 정도 되는 거리이지만 아이들에게는 일종의 '모험'이어서 중간에 울음을 터뜨리는 아이도 있다. 심부름을 무사히 마치고 돌아온 아이는 자기가 사 온 빵이나 채소를 자랑스러운 듯 엄마에게 건네며 외친다. "혼자서도 잘했어요!"

이제부터는 혼자서도 심부름을 갈 수 있게 되는 셈이다. 리더도 마찬가지다. 외로움에 울고 싶어질 때도 있겠지만, 성장을 위해 반드시 거쳐야 하는 시련이자 기회다. 일단 믿어보기를 바란다. 물론 고통스러운 시간임에는 분명하다. 그럴 때 필요 이상으로 비관적이 되지 않는 비결을 공유해보겠다. 해야 할 일은 세 가지다.

- 능력 부족을 비관하지 않는다(리더에 적합한가를 따지지 않는다 등).
- 관점을 바꾼다(다른 관점으로 본다, 긴 안목으로 본다 등).
- 행동을 바꿔본다(가르침을 청한다, 어찌 되든 해본다 등).

일이 잘 풀리지 않을 때 이 세 가지를 반복하면 확실히 상황을 타개할 수 있다.

반대로 지금까지 연수에서 수많은 관리직을 봐온 결과, 역경에서 좀처럼 헤어나지 못하는 타입이 있는데 바로 '자기합리화'를 하는 사람이다.

일이 뜻대로 되지 않았을 때 "상품이 별로니 어쩔 수 없었다", "팀원이 제대로 안 하니 어쩔 수 없었다", "불경기라 어쩔 수 없었다"라고 말하면 다들 이해해줄 것 같지만, 리더란 인물이 이런 말을 해봤자 누워서 침 뱉기이다. 주변에서는 '그래서 어떻게 해야 하는데?'라고 생각할 것이다. '상품이 별로면 어떻게 하지?', '팀원이 제대로 안 하면 어떻게 해야 되는데?' 하면서 말이다.

리더의 일은 '그래서 어떻게 할 것인가?'를 생각하는 것이다.

가혹하게 느껴질 수 있다. '리더의 고독'을 극복하는 비결을 하나하나 파헤쳐보자.

#Point

고독하다 느낄 때는 비관하지 말고, '관점'과 '행동'을 바꾸면 분명 새로운 풍경이 펼쳐질 것이다.

02

부조리를 뛰어넘는다

때로는 남들이 다 꺼리는 일을 맡거나, 믿었던 사람이 등을 돌리는 일이 벌어질 수도 있다. 설상가상으로 주변인들은 곤경에 처한 당신에게 그리 큰 관심을 보이지 않는다. 하지만 그 시기를 멋지게 극복하면 둘도 없는 보물을 손에 넣게 된다.

부당함과 부조리의 차이를 안다

한 회사 간부에게 들은 이야기다.

"부당한 것과 부조리는 다르죠. 부당한 처사는 극복할 문제가 아니에요. 하지만 부조리는 극복해낼 경우 강해집니다."

'부당한' 대우란 못살게 구는 것이다. 죄가 아닌데 죄 취급하거나 억지로 강요하는, 말하자면 존엄을 해치는 것이다. '부조리'는 다르다. 특히 잘못한 게 없는데 불리한 상황에 몰리는 것. 남들이 모두 꺼리는 일을 떠안은 그런 상황이다. 정세의 변화처럼 본인 외부의 요인에서 기인하는 것이 대부분이다. 예를 들어 어떤 부문에 책임자로 부임한 것까지는 좋았는데, 예상보다 상황이 엉망이라 재정비하는 데 시간이 필요하다고 판단했다. 그 내용을 보고했더니 "그게 무슨 말도 안 되는 소리냐. 서둘러 작업하라"라는 소리를 듣는 경우 등이 흔히 접하는 부조리일 것이다.

사다리를 타고 올라갔더니 밑에서 사다리를 치워버린 그런 느낌이다. 안타깝지만 실제로 이런 일들이 일어난다. 상황은 시시각각 변하기 마련으로, 내 통제 밖의 일이다. 이런 예상치 못한 상황에 맞닥뜨릴 것까지 예상하고 일을 받는 것이 리더다. 이렇

게 생각해보자. 이 부조리를 뛰어넘으면 반드시 강해질 것이라
고 말이다.

부조리한 경험이
재산이 된다

사실 나도 소소하게나마 부조리를 경험해봤다. 그중 하나를 이
야기해보자. 회사원 시절 한 단계 아래로 직급이 조정된 적이 있
었다. 그런데 아무리 생각해봐도 잘못한 일이 없었고(오히려 착실
히 일했다) 인사고과도 좋았다. 군이 따지자면 칭찬받은 적이 많은
편이었다.

　리더에게 "강등된 건가요?"라고 물으니 "그런 건 아닐세. 이
해해주게"라는 대답이 돌아왔다. 당시 경기가 급격하게 하락하
고 있었고, 회사도 그에 따라 급변하는 상황이기는 했다. 하지만
'왜 나지?'라는 생각은 지울 수 없었다. 그만둘까도 고민해봤지
만, 이것도 경험이겠거니 하고 마음을 고쳐먹었다. 그리고 10년
후의 나에게 의미 있는 일이었기를 바라며 일에 몰두했다. 내 입
으로 말하기는 멋쩍지만, 그때의 경험으로 주변 사람들을 돌아

보고 리더십이 무엇인지 깨달았던 것 같다. 부조리한 일을 겪으면서도 묵묵히 열심히 일하는 사람이 많다는 것을 알게 되었다. 외로움과 싸워가며 나만의 기준을 확고하게 다져나간 것이 지금에 와서는 재산으로 남았다.

시간이 흘러 나도 당시의 이사도 그 회사를 그만두었다. 우연히 이사에게 그때의 전후 사정을 듣게 되었다. 둘 다 회사를 나온 상태였기에 속 이야기를 할 수 있었는데, 생각지도 못한 이야기를 들었다.

"어? 못 들었어? 그건 그냥 일시적인 조정이었어. 되돌릴 거였지. 못 들은 거구나? 이유라… 오히려 평가는 괜찮았어. 사실은 말이지…."

자세히 들어보니 나는 정말 잘못한 게 없었고, 그저 회사 차원의 일시적인 조정이었으며, 마침 내가 축소 규모가 큰 조직을 맡고 있던 것뿐이었다. "사실은 말이지…" 뒤에 따라온 당시의 진상을 듣자 맥이 빠져버렸다. 오렌지 주스와 사과 주스 중에 눈을 감고 골랐더니 마침 오렌지인 상황, 그 이상도 이하도 아닌 일이었다. 누명을 벗은 듯한 이상한 감정도 들었지만, 지금은 그때의 경험에 감사한다. 리더십을 키우는 데는 최고의 시련이었다고 확신하기 때문이다.

이름난 경영자도 부조리를 경험한다

지금은 각계의 리딩 컴퍼니의 리더십 연수를 진행하는 자리에 있지만, 너무 일이 잘 풀리는 사람을 보면 오히려 안타깝다고 느낄 때가 있다.

사실 내 에피소드 같은 건 명함을 내밀기 민망한 수준이고, 앞서 소개한 이치조 가즈오 교수의 《리더십의 철학》에 등장하는 이름난 경영자 열두 명의 에피소드야말로 생각할 거리를 담뿍 던져준다. 이를테면 전 로손Lawson의 CEO 다마쓰카 겐이치玉塚元一는 일찍이 유니클로의 모회사인 패스트리테일링FAST RETAILING의 창업자 야나이 다다시柳井正의 후계자로서 패스트리테일링의 사장에 취임한 뒤, 불과 3년 만에 그만두게 된 것으로 유명하다.

"아직 힘이 모자랐다."

그것이 다마쓰카 겐이치가 그날을 돌아보며 남긴 말이다. 지금은 경제계에서도 손꼽히는 경영인이지만, 그때는 그도 속이 바짝바짝 타들어갔을 터다.

같은 책의 1장을 장식한 전 릭실LIXIL 그룹 CEO 후지모리 요시아키藤森義明도 그렇다. 요시아키는 GE의 잭 웰치Jack Welch가 첫눈에 반해, 일본인으로는 이례적으로 GE의 부사장을 역임하게 된 프로 중의 프로 경영인이다. 그의 수완을 높이 산 릭실은 그를 CEO로 초빙한다. 이 책이 출판된 것도 그 시기의 일이다. 그러나 그 후 CEO에서 전격 퇴임하는데, 적극적인 M&A 투자에 대한 주위의 불신이 이유였다고 전해진다.

그 외에도 예는 많다. 스티브 잡스는 자신이 창업한 애플에서 팀원에게 잘렸고(그 후 부활), 나가시마 시게오長嶋茂雄 요미우리자이언츠 종신 명예감독은 처음 감독에 취임한 젊은 시절, 성적 부진으로 퇴임을 결심할 수밖에 없는 상황에 몰렸다. 파나소닉의 창업자인 마쓰시타 고노스케조차 2차 세계대전 후에 GHQGeneral Headquarters(연합군 최고 사령부)의 제재로 공직에서 추방된 뼈아픈 경험이 있다.

일일이 쓰자면 지면이 모자랄 정도로 대부분의 이름난 리더는 부조리를 경험했다. 단 여기에서 예로 든 사람들에게는 공통점이 있다. 한 명도 빠짐없이 다시금 불러주는 곳이 있었다는 사실이다. 이치조 가즈오의 말처럼 "힘든 시기에도 미래에 대한 희망을 품고 역경을 극복하며 여행을 계속했기에" 재기할 수 있었으리라.

부조리를 경험해봤기에 팀원의 마음을 헤아리면서도 냉엄한 판단을 내릴 수 있었고, 현실을 겸허하게 받아들여 자신을 내려

놓고 사명을 다하는 데 몰두할 수 있게 된 셈이다. 부조리한 경험은 세상을 머리가 아닌 마음으로 이해할 계기를 마련해준다.

#Point

부조리한 일이 닥쳤다면 리더로서 성장할 기회라고 생각하자!

03

반대 의견을 신경 쓰지 않는다

리더라고 해서 모두에게 사랑받을 필요는 없다. 새로운 일에 도전할 때는 반드시 반대 의견에 부딪히며, 때로는 지독하게 미움을 받기도 한다. 그러나 어떤 경우든 모두에게 미움받는 일도 없다. 망설여질 때는 2:6:2의 법칙을 떠올리면 용기가 난다.

2 : 6 : 2를 염두에 두면 반대도 두렵지 않다

무언가에 도전하려고 하면 꼭 반대하는 사람이 나오지 않는가? 때로는 받아들일 시도조차 하지 않는 사람이 있을 수도 있다. 하지만 휘둘리지 않는 것도 중요하다. 물론 현황을 알기 위해서, 또 컨디션을 파악하기 위해서 의견을 정확히 물어야겠지만, 도전 자체를 다수결이나 전원일치로 판단하지는 않는다. 어떤 도전을 할지에 대한 결단은 리더가 내리는 것이니까 말이다.

따라서 리더는 반대자와의 대립은 불가피함을 받아들이자. 대다수 상황에 2:6:2의 법칙이 작용한다고 생각하면 한결 편해질 것이다.

2할은 찬성. 6할은 돌아가는 상황을 지켜보는 사람. 그리고 마지막 2할이 반대하는 사람이다. '반대하는 2할', '관심 없는 6할'만 쳐다보고 있으면 '8할(대부분)이 관심을 보이지 않아' 하며 외로워질 것이다. 거꾸로 '반대는 2할밖에 없다'라고 생각하면 시각이 바뀐다. 일단 관심을 보이는 2할을 내 편으로 만들고, 그 2할을 시작으로 6할을 끌어들인다. 그렇게 해서 반대하는 2할도 따르게 되는 분위기를 만들면 된다.

찬성표를 늘리기 위해 필요한 것

기업회생 컨설턴트를 참고해보자. 젊은 컨설턴트가 기업회생을 의뢰한 회사에 가서 진두지휘할 때, 그곳에는 그 방면의 전문인 고참이 있을 것이다. 새로운 일을 벌이면 '뭣도 모르는 애송이가 무슨 말을 하는 거야'라고 거부감을 느끼는 것이 보통이다. 머리가 복잡한가? 하지만 여기서부터가 시작이다. 일단 나의 진심을 알려야 한다.

맨 처음 해야 할 일은 앞장서서 피땀 흘리는 것, 이른바 솔선수범이다. 이렇게 하지 않으면 최초의 찬성표 2할의 마음을 사로잡기도 어려워진다.

내가 취재한 컨설턴트의 사례를 살펴보자. 누구보다 일찍 출근해 청소하고 "오늘도 잘 부탁드립니다"라는 인사로 하루를 시작하는 사람이 있었다(이 직장과 사업을 소중히 여긴다는 마음을 표현한 행동일 터다).

한편 해당 사업을 이해하기 위해 누구보다 열심히 거래처를 방문하고, 고객의 상황을 파악하는 사람도 있었다(누구보다 고객과 마주하는 자세를 보였다. 또 "고객이 이렇게 말하니까"라는 근거가 더해지면 영

일 잘하는 리더는 이것만 한다

향력을 행사하기 쉬워지는 효과도 있다).

이렇게 공감을 이끈 후 "나와 여러분이 중요하게 생각하는 것이 같다. 다만 그 중요한 것을 지키기 위해서는 변해야만 한다"라는 식으로 진심을 전달한다. 그리고 찬성표를 던지는 2할의 의견을 경청하면서 진행방식을 정하고, 이 과정에서 6할에게 역할을 맡기면서 긍정적인 방향으로 차근차근 끌어들인다. 중요한 역할을 맡으면 의욕이 솟기 마련이다.

물론 반대하는 2할에게도 역할을 주고 대화를 계속 시도하지만, 금방 바뀌리라는 기대는 하지 않는다. 또 2할의 찬성자가 있다면 다 같이 어떻게 하고 싶은지에 대해 기탄없이 이야기를 나누는 미팅이나 연수도 효과적이다. 2할을 차지하는 찬성자의 발언을 들으면서 6할에게도 공감의 분위기가 형성될 것이다.

만약 반대자나 이해하려는 노력조차 하지 않는 사람이 있어도 조급해할 필요는 없다. 일단 이 2할을 착실하게 내 편으로 만들자.

#Point

일단 2할을 내 편으로 만든다!
솔선수범하는 모습이 그 비결이다.

04

지위만 믿고 사람을 움직이지 않는다

경영진이나 고객에게는 고분고분하면서 함께 일하는 팀원에게 엄격한 리더를 보면 어떤 생각이 드는가. 같이 일하고 싶은 마음이 싹 사라질 것이다. 리더가 생각하는 것 이상으로 팀원은 그런 태도에 민감하다는 사실을 잊지 않아야 한다. 열 배는 민감하다고 생각하는 게 딱 좋다.

내 생각대로 움직이길
바라지 말자

팀원들이 외면하는 리더가 되고 싶은 사람은 없을 것이다. 사람이 따르지 않는 리더는 이런 말을 자주 한다. "자꾸 누가 뭘 시킨다", "누가 뭘 해주지 않는다". 요즘 같은 시대에 이런 리더는 팀원을 움직이기 어렵다. 이런 말을 하는 리더는 '(내 팀원이니까) 이러쿵저러쿵 따지지 말고 내 생각대로만 움직여주면 좋겠다'라고 생각하는 경우가 많은데 시대착오적인 발상이다. 그들은 팀원이 자기 뜻대로 움직여주지 않을 때 생각한다.

'쓸모없는 녀석. 하, 성가셔 죽겠네.'

그렇게 되면 팀원들은 점점 멀어지고 결국에는 외톨이가 된다. 물론 제 주장을 관철하는 일관성도 필요하고, 팀원이 도와주지 않으면 곤란한 것도 맞다. 1930년대에서 1980년대에 태어난 리더들은 이런 감수성 속에서 자라났다. 그러니 앞서 예로 든 문장도 위화감 없이 쓰는 것이다.

하지만 시대는 무서운 속도로 변한다. 요즘은 직장을 나가는 것도 자유다. 오히려 나가고 나서 더 수긍이 가는 회사를 찾을 수도 있다. 그러니 '이 리더 나랑은 좀 안 맞는데'라는 생각이 들면 그 길로 끝이다. 팀원 한 명을 시작으로 다른 팀원들도 하나둘씩 직장을 떠나간다. 그렇게 되면 성과도 못 내고, 당연히 점점 외로움만 짙어진다.

팀원을 프로로 존중한다

최근에 어떤 법칙 같은 것을 찾았다. 음식점에서 점원에게 고압적으로 말하는 사람은, 자신의 팀원에게도 고압적으로 대한다는 사실.

"(주문받는 데 시간이 걸릴 때) 아니, 아직도 멀었어?"

"(포크를 떨어뜨렸을 때) 점원한테 갖고 오라고 하면 되지."

이런 말을 하는 사람은 팀원을 거칠게 대하는 경우가 많다. 자신의 지위를 믿고, 한 사람을 존중하는 자세를 갖추지 못한 것이다. 이렇게 되고 싶지는 않을 것이다.

다시 직장 이야기로 돌아가자. 일단 상대방이 누구든 지위고하를 막론하고 프로로서 존중하는 마음으로 시작해야 한다. 구체적으로는 말투에 세심한 주의를 기울이면 좋다.

일 잘하는 리더는 이것만 한다

- 시킨다. ➡ 요청한다.

- 왜 안 하는 거죠? ➡ 안 하는 이유가 있나요?

- 자네들은, 여러분은 ➡ 우리는

- 대답은('네'로 정해져 있다)? ➡ 명확하지 않은 부분이 있나요?

- 좀 주체적으로 행동해요! ➡ 어떻게 하면 좋을 것 같아요?

야마토홀딩스 YAMATO HOLDINGS의 역피라미드 조직도는 좋은 참고가 된다. 야마토홀딩스의 홈페이지에는 이런 구절이 있다.

"야마토의 조직도는 역삼각형입니다. 제일 위는 고객, 그다음이 최전선에서 택배 상자를 옮기고 고객을 만나며 신상품을 개발하는 '세일즈 드라이버'입니다. 경영진은 최전선에 있는 그들의 백업입니다. 현장 대부분의 권한을 이양합니다."

팀원 한 명을 전문가로 인정하는 좋은 사례가 아닐까. 팀원을 자신의 소유물처럼 생각하면 외로워지는 일이 많을 것이다. 반면 상대방을 프로로 인정한다면 고독감이 사라진다.

#Point

팀원을 아랫사람으로 보지 않고 프로로서 존중하는 자세로, 말투 하나에도 신중을 기하자!

05

때로는 책에서 답을 구한다

감기에 걸리면 약을 먹듯이 일하다 고
민이 생기면 책을 읽는다. 책은 약과 같
은 것. 실제로 책을 읽으면 해결의 문이
얼마든지 있다는 것을 알게 된다. 다행
히도 지침이 될 만한 책을 만났다면, 주
치의가 생긴 거나 마찬가지다.

끙끙대지 말고
일단 책을 펼치자

"자기 머리로 생각해보지 않고서 바로 책에서 답을 구하지 말라"라는 말을 흔히 하지만, 나는 일단 책부터 펼쳐보는 것도 괜찮다고 생각한다. 원한다면 그대로 따라 해도 좋고 말이다. 혼자 끙끙대며 고민할 때보다 훨씬 많은 힌트를 책에서 얻을 수도 있다. 이를테면 이렇게 힌트를 얻을 수 있다.

- 이론에서 힌트를 얻을 수 있다(해야 할 일이 명확해진다).

- 저자의 경험에서 힌트를 얻을 수 있다(슬럼프 탈출법이 얼마든지 있다는 것을 알 수 있다).

- 용기를 얻는다(더 심각한 상황에서도 괜찮았다는 걸 안다).

그리고 무엇보다 책의 장점은 시간을 많이 투자하지 않아도 된다는 점이다. 단시간에 본인이 필요한 정보만 쏙쏙 뽑아낼 수 있다는 점이 매력적이다. 빠르면 하루, 길어도 며칠이면 필요한 힌트를 찾을 수 있다.

나는 책이 약 같다고 느낄 때가 있다. 말하자면 책장은 구급상자와 같은 것인데, 그때그때의 증상(과제나 기분)에 따라 읽을 책을 약처럼 꺼낼 수 있는 환경을 만들어두는 것도 도움이 된다. 지금 내 옆에 있는 책장을 보면 꽤 오래전에 사둔 《당신 주변의 '껄끄러운 사람들'의 정신분석》(오코노기 게이고)이라는 책이 있는데, 당시 좀 껄끄럽던 동료 때문에 애를 먹어 힌트를 얻으려고 읽었던 일이 떠오른다. 리더에게는 상담받기 어려운 일도 생기기 마련이다. 그럴 때는 책에서 힌트를 구해보면 어떨까.

예컨대 비즈니스상 힌트가 필요할 때는 비즈니스 서적이 그야말로 약이다. 전략 책을 읽으면 선택과 집중이나 경쟁우위의 중요성을 재확인할 수 있다. '그래, 결과가 나오지 않는 건 강점이 불명확하고, 전략대상이 불명확했기 때문이겠지…' 하면서 말이다.

만일 용기가 필요하다면 경영자가 쓴 책도 추천한다. 성공의 뒤편에 자리한 우여곡절은 우리의 상상보다 파란만장할 때가 많다. 내 고민이 얼마나 소소한지 깨닫게 되는 효과가 있다.

'천하의 스티브 잡스도 팀원에게 잘린 적이 있다니. 그런데 보란 듯이 부활했어… 나에겐 지금 뭐가 필요한 걸까…' 깨달음을 얻는 계기가 된다.

역사소설이나 역사서도 같은 효과가 있다. 사실을 바탕으로 주인공의 인생을 드라마틱하게 그린 많은 소설을 읽으면 열정적으로 도전해나가는 인생을 간접체험할 수 있다. 소프트뱅크의 손정의 회장이 "열다섯 살 때《료마가 간다》를 읽고 눈이 번쩍 뜨였다"라고 한 말은 유명하다(《료마가 간다》는 시바 료타로의 장편소설로 에도시대 말기 풍운아 사카모토 료마의 이야기다).

지침서를 찾아내어 두고두고 읽는다

지침서를 만나는 것은 행운이다. 고민될 때마다 길을 안내해주기 때문이다. 경영컨설턴트로 저명한 고미야 가즈요시小宮一慶는 《마쓰시타 고노스케, 길을 열다》를 읽고 또 읽었는데, 그때마다 새롭게 발견한 부분이 있었다고 한다. 야마토홀딩스의 기가와 마코토木川眞 전 회장은《일본 제국은 왜 실패하였는가?》(노나카 이쿠지로 외)를 읽고, "읽을 때마다 밑줄과 포스트잇이 늘어난다", "실패 사례를 공부하면 비슷한 실패는 반드시 피할 수 있다"라고 말했다. 참고로 나도 이 두 권을 항상 곁에 두고 반복해서 읽는다.

힌트가 필요할 때는 부디 서점으로 발걸음을 옮겨 설렁설렁 책을 넘겨보기를 바란다. 그러다 마음에 드는 책이 있으면 망설이지 않고 구입하고, 거기에서 하나가 됐든 둘이 됐든 '힌트'를 찾아내자. 분명 해결의 문에 빠르게 도달할 것이다.

#Point

고민이 있다면 서점으로 달려가 설렁설렁 책을 넘겨보자! 끙끙대던 문제의 답이 보란 듯이 나와 있을지 모른다.

06

새로운 사람들과의 만남을 늘린다

만약 지금 다니는 회사에서 쫓겨난다면 헤쳐나갈 자신이 있는가. 나는 단언할 수 있다. 당신은 100퍼센트 헤쳐나갈 수 있다. 그런데 정작 본인은 그 확신이 들지 않아 불안해하곤 한다. 회사 내부에만 접점이 있기 때문이다.

폐쇄적인 인식이
고독을 부른다

직책이 올라갈수록, 도의적으로 보면 해야 할 일이 아닌데 회사를 위해서 해야만 하는 일 때문에 심적 갈등을 경험할지 모른다. 좁은 세계에서 중압감을 느끼면, 제아무리 우수한 인재라도 비합리적인 판단을 내릴 수 있다는 사실을 리더는 자각해야 한다.

흔히 일본기업을 '무라샤카이村社会'에 비유한다. 무라샤카이를 위키피디아에서 검색하면 이렇게 적혀 있다.

유력자를 정점으로 한 서열 구조 속에서, 옛적의 질서를 유지한 배타적인 사회.

20년 전쯤, 한 대형 자동차회사에 방문했을 때, 그런 느낌을 받았다. 회장이 마치 임금이 행차하듯 복도에서 팀원을 이끌고 걸어가고 있었다. 그사이에 복도가 일시 봉쇄되어 회사를 방문한 고객도 눈앞으로 지나가는 회장을 바라보면서 잠자코 기다리는 광경이었다. 이 회사는 그 후 반복되는 부정행위로 신문을 장식했다. 그런데 직원 개개인을 보면 아주 우수한 데다 인정미가 넘

일 잘하는 리더는 이것만 한다

치는 분들이 많았다. 인간 대 인간으로는 그야말로 존경할 만한 사람들이었다. 회사 내에서 윗사람의 눈치를 보면서 중압감에 시달리다 잘못된 판단을 내렸겠거니 짐작할 뿐이다.

늘 새로운 상식을 갈구한다

중압감 속에 있으면 그 사람이 얼마나 우수한가보다 얼마나 편견 없는 넓은 시야를 갖추고 있느냐가 더없이 중요하다. 리더가 오판하지 않으려면 사내의 상식과는 '별개의 관점'에서 생각하는 습관을 꼭 들여야 한다. 일이라고 생각하고 타사 사람과 적극적으로 교류하면서 배울 기회를 만들자.

베스트셀러《100세 인생》(린다 그래튼 외)에도 이런 이야기가 나온다. 앞으로는 인생에서 익스플로러(탐색자) 단계가 필요해지므로, 다양한 사람들과 접점을 만들어 각각의 가치관을 나의 가치관에 담는 경험을 해보는 것이 바람직하다.

그렇다, 우리도 해볼 만한 일이 있을 것이다. 리쿠르트홀딩스에서 수많은 정보지를 창간해, '창간맨'이라는 별명이 붙은 구라

타 마나부의 저서에 이런 구절이 있다.

"미팅 약속은 '나와 거리가 먼 사람'을 우선한다."

이는 나와 다른 가치관을 접하는 것이 얼마나 중요한지를 강조한 말이겠다. 그런 점에서 영업직은 행운이다. 일상적인 업무 중에도 고객의 새로운 가치관을 들을 기회가 널려 있으니 말이다. 물론 내근직도 스터디나 세미나에 참여하는 것으로 충분하다.

'팀에서 배제될까 두려워 거부할 수 없다'라는 생각은 이제 그만하자. 대등한 자세로 대할 줄 아는 능력이 필요해진 시대다. 다양한 가치관을 접해두면 넓은 시야로 판단할 수 있어 쓸데없는 중압감 속에서 고독을 느끼는 일은 대부분 사라진다.

#Point

리더가 되었다면 나와 다른 가치관을 자주 접하는 습관을 들이자! 새로운 상식이 당신을 고독에서 구한다.

일 잘하는 리더는 이것만 한다

07

리더도 당신과 똑같은 사람입니다

진지하고 빈틈없는 모습만 보여주면 팀원과 거리가 좁혀지지 않는다. 리더에게 필요한 것은 현명함이나 철두철미함이 아니라 인간적인 모습인 것이다. 인간적인 모습이란 바로 '약점'이다. 리더는 자신의 약점을 알고 때로는 이를 드러낼 줄 알아야 한다.

처음 리더가 된 사람이 저지르기 쉬운 실수

리더는 약점을 감춰야 하고, 부끄러운 면을 절대 보일 수 없다고 믿는다면 다시 한번 생각해보자. 리더가 된 뒤로 실력 발휘를 못하는 사람의 특징 중에 과하게 긍정적인 면모를 보이는 경우가 적지 않다.

항상 활기차고 긍정적인 모습을 보이는 건 물론 중요하지만, 팀원이 보기에는 살짝 속내를 알 수 없는 모습으로도 비칠 수 있다.

팀을 잘 이끌어나가지 못하는 리더의 전형적인 예로 인간미가 없는 사람이 있다. 직원 만족도 조사에서 의외로 점수가 낮게 나오는 것이 바로 이 타입의 리더이다. 처음 관리직을 맡아 어깨에 힘이 들어가서 그런 경우도 있겠고, 타고난 긍정적인 성향으로 앞만 보고 달리는 사람도 있다. 어느 쪽이든 그 상태로는 팀원과 거리를 좁힐 수 없다. 이럴 때는 어떻게 하면 좋을까? 리더가 되었다면 적절한 시기에 먼저 약점을 드러내보자.

이를테면 한 간부는 이렇게 말했을 때, 팀원들의 마음을 단번에 사로잡았다.

"영업사원 시절 어찌나 힘이 들던지, 회사에 최대한 늦게 돌아가려고 지하철을 탄 채로 몇 바퀴나 돌았답니다."

누구나 이런 비슷한 경험이 있지 않을까. 나도 부끄럽지만 오사카 순환선을 타고 뱅뱅 돌았었다. 리더는 팀원이 '이 사람도 나랑 똑같았구나'라는 생각이 들게 하는 대화도 끌어낼 줄 알아야 한다. 게으름 피운 일이 없는 리더라면 당신만의 약점이나 실패담을 떠올려 이야기해보기를 추천한다.

약점을 보인다는 건
당신이 강하다는 반증

예전에 유명 합기도 사범과 이야기를 나눌 기회가 있었다. 일본에서 손꼽히는 실력자였는데 이런 질문을 던져봤다.

"불량배한테 잡히면 어떻게 하실 건가요?"

사범은 대답했다.

"무서워서 뒤도 안 보고 도망가겠죠."

이 대답에 놀란 나는 이유를 물었다.

"예상을 벗어나는 행동을 하는 사람은 역시 무섭거든요. 발바닥에 땀 나게 도망갈 거예요."

나는 더 집요하게 물었다. 만약 맞으면 어떻게 하겠느냐고. 그러자 이번엔 이렇게 답했다.

"원한을 사지 않을 정도로 최소한의 방어만 하고 전속력으로 뛰어갑니다."

어떤가. 인간미가 넘친다는 느낌을 받지 않는가? 제자들도 분명 그런 매력을 느낄 것이다.

많이 듣는 이야기지만 역시 그렇다.

'진짜 강한 사람일수록 겁쟁이에 소심쟁이다.'

그러니 약점을 보여 팀원과 가까워지기를 바란다. 분명 팀원은 이렇게 느낄 것이다. '진짜 강한 사람이니까 약점도 보일 수 있다.' 이것도 리더의 처세술이다.

#Point

리더가 되었다면 때로는 약점을 고백하거나 실패담을 이야기해보자!

일 잘하는 리더는 이것만 한다